Michael Behrendt
Vertuscht, verraten, im Stich gelassen

PIPER

Zu diesem Buch

Er ist hautnah dabei, wenn das SEK eine Wohnung stürmt, begleitet Polizisten auf nächtlicher Streife und heftet sich auch selbst an die Fersen von Verbrechern: Michael Behrendt lässt uns teilhaben an den spannendsten und kuriosesten Fällen aus seinen 27 Jahren als Polizeireporter. Neben zahlreichen Episoden aus seinem Berufsalltag in Hamburg und Berlin erzählt er auch von Einsätzen in Südafrika und Nahost und von seinen erschreckenden Recherchen zum Thema Kinderpornografie. Er berichtet von der Jagd nach Terroristen, von dem Zusammentreffen mit Nazis oder Rockern und dem tragischen Tod eines Polizisten.

Michael Behrendt, Jahrgang 1969, ist Leiter der Polizeiredaktion und Chefreporter der *Berliner Morgenpost*. Seit seinem 18. Lebensjahr arbeitet er als Journalist, u. a. für *BILD* Berlin und die *B. Z.*, eine Zeit lang war er als Kriegsreporter unterwegs. 2011 wurde er zusammen mit seinen Kollegen von der *Berliner Morgenpost* mit dem Wächterpreis der Tagespresse ausgezeichnet. Michael Behrendt lebt mit seiner Familie bei Berlin.

Michael Behrendt

Vertuscht, verraten, im Stich gelassen

Ein Polizeireporter deckt auf

Piper München Zürich

Mehr über unsere Autoren und Bücher:
www.piper.de

Die in diesem Buch beschriebenen Ereignisse haben sich so zugetragen wie geschildert. Aus Gründen der Anonymisierung wurden einzelne Namen verändert.

MIX
Papier aus verantwortungsvollen Quellen
FSC® C014496

Originalausgabe
Februar 2014
© Piper Verlag GmbH, München 2014
Umschlaggestaltung: Mediabureau Di Stefano, Berlin
Umschlagabbildung: Daniel Di Stefano
Satz: Fotosatz Amann, Aichstetten
Gesetzt aus der Janson Text LT
Papier: Munken Print von Arctic Paper Munkedals AB, Schweden
Druck und Bindung: GGP Media GmbH, Pößneck
Printed in Germany   ISBN 978-3-492-30360-6

Für meine Söhne.
Für meine Frau.
Für meine Eltern.
Für all die Bullen, die sich Tag und Nacht
da draußen dem Bösen in den Weg stellen.
Und für Dirk Banse, meinen Freund.
Einen der besten und ehrlichsten Reporter der Welt.

INHALT

»Fahr raus, Junge!« 9
Hamburg – Südafrika 15
Höhenangst 23
Seitenwechsel 29
Verrückte 37
Hilfssheriffs 44
Fallen 51
Polizeireporter Nahost 56
Wahre Helden 73
Harter Einsatz 78
Richtiger Riecher 87
Dagobert 93
SEK-Probanden 102
Verstörend 109
Terroristen 113
Seilschaften 130
Flucht 136
Nazis 144
Die Festung 154
Lebensbeichte 164
Todesnachricht 172
Gewalt 179

Der Verfassungsschutz und die Stasi 189
Krawall 197
Tod eines Polizisten 211
Traurige Gedanken 219
Kinderlieb 227

Danksagung 240

»Fahr raus, Junge!«

Manche Sätze merkt man sich sein Leben lang.

»Fahr raus, Junge«, das war der erste Satz meines ersten echten Chefs bei der *BILD*-Zeitung in Berlin. Es war das Jahr 1987, und ich war 18 Jahre alt. Einer meiner zahlreichen Lokalchefs in 27 Jahren Berufserfahrung sagte später einmal zu mir: »Es gibt Journalisten, die machen den Polizeijob zwei Jahre lang, weil es sich gut im Lebenslauf macht. Und es gibt Typen wie dich! Die leben das.« Er hatte recht mit dem, was mich betrifft. Mein Vater war Journalist. Er war als junger Reporter dabei, als Rudi Dutschke niedergeschossen wurde; er war Kriegsberichterstatter im Vietnamkrieg; er flog Düsenjäger in Amerika; er war mit Kampfschwimmern unterwegs; und er machte im Sonnenuntergang von der Brücke eines U-Boots Fotos, die Lothar-Günther Buchheim sicherlich Respekt abgenötigt hätten. Das, aber vor allem seine Geschichten als Polizeireporter haben mich geprägt. Ich wollte eigentlich immer Journalist werden, von kurzen Ambitionen, Polizist zu werden, abgesehen. Vom 16. Lebensjahr an machte ich in meinen Ferien Praktika bei Zeitungen: bei Segel-Magazinen, Video-Zeitschriften und dann bei der *BILD*-Zeitung in Berlin. Die Mauer stand noch, als ich mit knapp 18 Jahren der sich annähernden Katastrophe des verwehrten Abiturs ins Auge blicken musste. Bei einer durchgängigen Sechs in Mathematik halfen auch die sehr guten Leistungen in Englisch und Deutsch wenig. Ich rief also bei ebendiesem Chef an und fragte: »Nach den Sommerferien müsste ich 'ne Ehrenrunde drehen, dann laufe ich Amok. Steht Ihr Angebot, mich zu nehmen?« Und er sagte: »Komm rüber, Junge.«

Die anfangs erwähnten Worte, die sich so verankerten, sagte er wenig später. Es war eine Nullgeschichte: Ein Irrer warf im Suff nach der dritten durchstrittenen Nacht mit seiner alkoholkranken Lebensgefährtin irgendwo in Kreuzberg seine gesamte Einrichtung aus dem Fenster. Ich hatte den Lagedienst der Polizei – dessen Nummer rief man abends halbstündlich an, wenn die Pressestelle bereits geschlossen hatte – gebeten, mich bei der kleinstmöglichen Geschichte zu informieren. Als das Sofa runterflog, kontaktierte mich mein Informant. Es war dunkel an diesem Spätherbstabend in Berlin, Sekretärinnen, Boten, Redakteure und Layouter waren um 21 Uhr längst weg. Nur der Chef war noch da. Ich sprach ihn an: »Da dreht einer in Kreuzberg durch und kippt seine Möbel aus dem dritten Stock.« Der Redaktionsleiter stand an dem großen Fenster im siebten Stockwerk des Springer-Verlages, rechts von ihm der Osten mit den Grenztruppen, links Westberlin. Er schaute auf seine Stadt. Die Ärmel des weißen Hemds waren hochgekrempelt, und eine Zigarette klemmte zwischen seinen Zähnen. »Fahr raus, Junge.« Und in diesem Moment war ich der wichtigste Reporter der Welt – so verstand ich mich. 20 Minuten später krachte in der Urbanstraße eine Waschmaschine neben mir zu Boden, und die Trommel knallte gegen mein Knie. Andere hätten aufgehört, ich wollte den Job.

Polizeireporter überrumpeln nach tragischen Unfällen geschockte Hinterbliebene, um ihnen die Fotos ihrer in Fetzen gerissenen Verwandten abzuschwatzen. Polizeireporter sind skrupellos und lügen. Polizeireporter leben auf der Straße und hören Polizeifunk. Polizeireporter halten sich nicht an Absprachen mit der Polizei. Polizeireporter werden zynisch und warten auf große Tragödien mit möglichst vielen Toten, am besten mit Kindern, weil sich die Bilder besser verkaufen. All diese Vorurteile gegenüber dem Polizeireporterjob stimmen. Jedes für sich. Ich habe als junger Reporter Dinge getan, die ich meinen Leuten heute verbiete. Ich habe Kollegen anderer Medien wegen solcher Dinge Gewalt angedroht und in zwei Fällen angewandt. Aus Fehlern lernt man, und ich habe heute – seit mehr als 15 Jahren – den Anspruch, dass Polizeireporter dem Bild des anständigen Journalisten entsprechen müssen.

Natürlich leisten Polizeireporter aber auch einen wichtigen Beitrag: Polizeireporter decken politische Verstrickungen und Skandale auf und werden deswegen gefürchtet. Polizeireporter berichten über Rassenunruhen in Los Angeles, werden für den Pulitzer-Preis nominiert und weltberühmte Schriftsteller. Polizeireporter beleuchten Hintergründe, fragen nach, schauen hinter die Kulissen und bringen die Wahrheit ans Licht. Nicht umsonst war Billy Wilder, einer der berühmtesten Drehbuchautoren und Regisseure der Welt, vorher Polizeireporter bei der *B.Z.* in Berlin. In der Tat sind Polizeireporter die besten Rechercheure überhaupt. Schlaue Polizeireporter sind die besten Waffen einer Zeitung. Weil sie anders denken. Anders agieren. Und weil sie keine Angst haben, wenn es richtige Polizeireporter sind. Dass einer ein wichtiger Anzeigenkunde ist und ein Riesen-Imperium leitet, ist ihnen egal, wenn er am Vorabend eine Prostituierte verprügelt hat.

Hat man als Chefredakteur eine gute Polizeitruppe, wird man die Wahrheit erfahren. War die Schlägerei in Wedding tatsächlich »nur« eine Klopperei in einer Kiezkneipe, oder haben da drei rechte Schläger einen Gastarbeiter zusammengelegt. War das vermeintliche Opfer einer rechtsradikalen Attacke wirklich ein Opfer, oder war derjenige betrunken und wollte nach einem Sturz mit zwei Promille auf sich aufmerksam machen. Hat das SEK in der Tat einen Mann totgeschlagen, oder war die Milz dieses HIV-positiven, an Leberzirrhose und Lungenkrebs erkrankten Mannes wegen all der körperlichen Veränderungen schon nach einfachstem physischen Kontakt gerissen.

Es gibt sehr gute Polizeireporterinnen, trotzdem bewegt man sich in diesem Beruf in erster Linie in einer Männerwelt. Wer bei der Polizei arbeitet und das Extreme sucht, geht zum SEK. Mir reichte es irgendwann als normaler Journalist auch nicht mehr. Also wurde ich zeitweise Kriegsreporter. Mehr geht nicht in diesem Beruf. Sechsmal Bosnien, zweimal Haiti, Ruanda, Südafrika vor den ersten allgemeinen Wahlen, Burundi, Mittlerer Osten, Afghanistan, Nordirland. Meine Mutter war immer besorgter als mein Vater und fragte mich nach den Nebenwirkungen. Die kamen bei den Kriegsgeschichten nie. Gleichwohl ich mir stets die Frage stellte, wann denn all das Erlebte mich einholen würde. Das tat es mit der Geburt unseres ersten Sohnes. All die Ängste waren da, Ängste, die sich aus dem Alltag des Polizeireporters entwickelt haben. Was vor allem daran liegt, dass die Erlebnisse im Krieg apokalyptisch waren. Surreal. In Ruanda starben kleine Kinder neben mir, ich habe sie fotografiert. Aber ich kannte nicht ihre Geschichte. Auch nicht die der alten Frau, die ein Sniper in Sarajevo neben mir erschoss, und nicht die des jungen Demonstranten in Johannesburg in Südafrika, dem ein Geschoss einen Meter neben mir den Kopf zerschmetterte. Wohl aber kannte ich die Geschichte der jungen Frau, die in Rudow im Berliner Stadtteil Neukölln von einem Auto überfahren wurde. Polizeireporter erfahren unendlich viel über die Opfer. Herausgerissen aus der Statistik, haben die Toten Oma und Opa, Vater und Mutter, Freund und Exfreund, Geburtstag und die Feier anlässlich der bestandenen Reiterprüfung. Das tut weh, umso mehr, je älter man wird.

Ein Kriegsreporter erfährt die Momente des Elends unerklärlich intensiv, aber niemals so detailgetreu wie ein Polizeireporter. Eines meiner Fotos, das es auf die Titelseite eines Nachrichtenmagazins schaffte, hängt in meinem Arbeitszimmer und könnte die bittere Klammer dieser beiden Berufszweige in meinem Leben sein. 1993 fotografierte ich einen kleinen Jungen im Waisenhaus von Sarajevo, während die Granaten rechts und links neben dem Gebäude einschlugen. Sami war sein Name, und ich hoffe, dass er noch lebt. Knapp zwei Jahre war er damals alt, und die Heimleitung sagte, dass ich ihn doch mitnehmen solle. Aber ich war zu jung, ständig unterwegs, nie zu Hause. Samis große dunkle Kulleraugen schauen mich an, wenn ich an meinem Schreibtisch sitze und verfolgen mich manchmal in den Schlaf. Heute noch. Und oft drängt es mich, zurückzukehren nach Sarajevo und herauszufinden, was aus ihm wurde. Meine Frau nimmt mich dann zur Seite und sagt: »Tu es nicht, tu es um deiner Seele willen nicht.« Und sie hat recht. Sollte der Kleine den Krieg nicht überlebt haben, ist er eines dieser identifizierten Opfer, die einen heimsuchen. Bis der eigene Vorhang fällt. Ich hätte trotz allem gern den Mut, Samis Schicksal nachzuspüren, habe ihn aber nicht. Noch nicht. Vielleicht irgendwann.

Hamburg – Südafrika

Bilder sind das Wichtigste. Gerade bei der *BILD*-Zeitung. Fotos zählen wie kaum etwas anderes. Da hast du eine nachrichtliche Geschichte, die das Potenzial zum Stürzen eines Lokalpolitikers birgt, kannst die Sache aber nicht bebildern. »Danke schön, Wiedersehen, besorg uns Bilder. Fotos, irgendwas, sonst kannste die Sache vergessen.« Das trifft sicher nicht in allen Fällen zu, aber in den meisten.

Die folgende Story begann mit dem eben beschriebenen Problem. Und sie hatte so verflucht viel zu bieten. Ich hatte Frühdienst, bei *BILD* Hamburg wie eigentlich meistens. Über den Ticker kam die Meldung, dass ein Hamburger in Südafrika erschossen worden sei. Das ist verrückt, und es treibt alle Polizeireporter in den Wahnsinn: Wird ein Neuköllner in einer Eckkneipe seines Kiezes von einem etwas besseren Boxer erschlagen, kann das an einem schlechten Tag schon mal zu einer 20-Zeilen-Meldung schrumpfen. Passiert eine vergleichbare Schlägerei aber auf Mallorca oder in Tunesien, hat das Ganze beinahe Schlagzeilen-Charakter. »Ruft das Auswärtige Amt an, besorgt die Namen, ich will Hintergründe«, so etwa der Ton der Verantwortlichen bei den Boulevardzeitungen. Und, so fair will ich an dieser Stelle sein, auch bei den seriösen kann das passieren.

Die Chefs, die meist selbst nur für die Galerie als Polizeireporter gearbeitet haben, wissen dann mit einem Mal sehr genau, dass sicher ein Funkwagen der Polizei die Todesnachricht an die Familie überbringt. Das möge doch wohl herauszufinden sein.

Also, ein Hamburger wurde in Südafrika erschossen, bei Pretoria, und um ganz ehrlich zu sein, wusste ich damals nicht, dass das die Hauptstadt von Südafrika ist. Ich dachte, das sei Johannesburg. Die Story wuchs im Laufe des Tages mehr und mehr. Wir hatten einen Top-Korrespondenten in Kapstadt sitzen, Thomas, mit seiner Hilfe kamen die Hintergründe ans Licht. Er besorgte uns die Namen des Getöteten und seiner Kumpane. Denn der Tote war nicht allein unterwegs gewesen. Er hatte Begleiter, insgesamt vier, darunter einen älteren Mann. In einer Fleißarbeit – gemeint ist eine Telefonaktion, bei der alle zur Verfügung stehenden Kollegen und Praktikanten die Namen der Betroffenen in den Telefonbüchern nachschlagen und die Nummern durchtelefonieren – wurden die Adressen gefunden. Es gab einen Treffer, den bekamen wir von einem Polizisten bestätigt, der die Namen für uns im Polizeicomputer abfragte – wofür er seinen Job hätte verlieren können. Zwei der Männer waren in einer Pension gemeldet. Wo wohl, auf der Reeperbahn. Mein Kollege Marco und ich fuhren hin. Es war kalt an diesem Frühjahrsmorgen, es regnete, und die »sündige Meile« zeigte sich von ihrer besonders schönen Seite. Die Penner erwachten auf ihren Bänken und beschwerten sich bei wem auch immer über die Nässe. Kampfhunde kackten an den Leinen von sichtlich genervten Prostituierten nach deren Nachtschicht zwischen geparkten Autos. Schwarzafrikaner dealten Stoff an zitternde Junkies.

Der Typ hinter der Rezeption der Pension konnte sich an die beiden Männer erinnern. »Die haben hier gewohnt, ein paar Wochen lang. Wollten einen abknallen in Afrika. Mehr weiß ich nicht.«

Damit wuchs die Geschichte: Männer aus Hamburg, eine Schießerei in Südafrika und dazu die brandneuen Infos von Thomas, dass sie möglicherweise ein Attentat auf Nelson Mandela verüben wollten. Um das weiße Südafrika zu verteidigen. Damals, im Frühjar 1994, standen die ersten freien Wahlen nach der Zeit der Apartheid an.

Mein Chef wollte Fotos der Männer haben, aber das war schwer, und Thomas sagte zu Recht, dass er Korrespondent und kein Fotobeschaffer sei. Die Stimmung war schlecht. Die Story war der Hammer, aber es fehlten die Bilder. Ich rief die Auslandsauskunft an. Ließ mir die Nummern der großen südafrikanischen Zeitungen geben und telefonierte mich von Küste bis Busch. Glücklicherweise liegen Deutschland und Südafrika in der gleichen Zeitzone, mit einer Stunde Unterschied in der Sommerzeit. Ich hatte Glück, konnte es kaum glauben, als mir eine nette Kollegin einer Zeitung in Johannesburg anbot, mir Fotos der Männer zu funken. Die hatten die dortigen Polizeireporter besorgt. Es muss gegen 20 Uhr gewesen sein, als ich meinen Redaktionsleiter bei *BILD* Hamburg informierte, dass wir Bilder bekommen würden. Der Mann drehte durch. Zwei Köpfe kleiner als ich, packte er mich am Kragen und schüttelte mich. Hörte gar nicht mehr auf damit. Dann lief er aus dem Raum, brüllte ein »bis gleich« und verschwand. Nach zehn Minuten kam er wieder, hielt einen Träger Bier in der Hand, den er aus der Kantine geholt hatte. »Prost, Männer, das war gut.« Solche Gesten gibt es heute nicht mehr.

Wie gesagt, die Story wuchs. Mehr und mehr kristallisierte sich heraus, dass die jungen Männer in die Fänge von Rechtsradikalen geraten waren, die ihnen den Kopf verseucht hatten mit ihrem Hass auf Schwarze. »Briefe vom Kap« nannten sich die Tiraden, die in der rechten Szene der Hansestadt herumgereicht wurden.

Ich nahm all meinen Mut zusammen, ging zu meinem Chef und sagte mit der Chuzpe meiner damals gerade mal 25 Jahre: »Unser Korrespondent will in den kommenden Tagen eine große Hintergrundgeschichte machen. Da sollte ich ihm helfen.« Mein Chef sagte Ja, und ich hatte gewissermaßen mein Ticket nach Südafrika in der Hand. Meine Wohnung sah aus wie ein Schlachtfeld, als ich sie mit einer Tasche und meinen Kameras verließ. Dass ich sie im schlimmsten Fall nicht wiedersehen würde, auf den Gedanken bin ich damals nicht gekommen.

Ich musste zur Botschaft, um mir ein Visum zu besorgen. Dann fuhr mich ein türkischer Kollege aus der Polizeiredaktion zum Flughafen. »You want turkey or pork?«, hörte ich nach dem zweiten Wein die Stewardess noch fragen, dann schlief ich ein. Mit der Angst – was tue ich hier. Ich träumte wirre Dinge. Was wusste ich schon über Südafrika. Ich kannte es aus den Nachrichten. Sah Wellblechhütten vor mir und erschossene Menschen.

Thomas, unser Korrespondent, damals um die 40, wartete am nächsten Morgen am Flughafen Johannesburg auf mich. Dichtes Haar, Brille, breites Grinsen, Zigarette zwischen den Zähnen. Ich mochte ihn sofort, und ich glaube, dass er mich in meiner journalistischen Entwicklung sehr geprägt hat. »Ab nach Pretoria. Da fängt die Geschichte an.« Ich war fassungslos, der Mann wollte mit dem Auto fahren. In Südafrika. Mein Gott.

Ich stieg in den Leihwagen, fing wieder mit dem Rauchen an und war von der ersten Sekunde an in dieses Land verliebt. Abenteuerland, für Reporter in jedem Fall. Ein Land voller Extreme. Nazis an Land, weiße Haie im Wasser, Frauen so schön, dass es einem den Atem verschlägt, wunderbare Weine und eine Landschaft, die ihresgleichen sucht. Wir suchten die Söldner, also mussten wir in Richtung Pretoria. Dort hatten die Anhänger des AWB, der Afrikanischen Widerstandsbewegung, eine mit Waffengewalt geschützte Radiostation aufgebaut. »Es gibt ein altes Fort, da halten sich auch Veteranen des Angola-Kriegs versteckt, die für die weiße Sache arbeiten. Da fangen wir an«, erklärte Thomas. Er hatte Mut, das beeindruckte mich. An der Straße zum Fort stand ein Posten, bewaffnet, grimmig. »Wo wollt ihr hin?« Zum Kommandanten wollten wir. »Der ist nicht da, haut ab.« In dem Moment kam ein alter VW Golf die Straße herunter, der Posten nahm Haltung an und zeigte auf uns. »Zu wem wollen Sie?«, fragte der Fahrer, nachdem er ausgestiegen war. Hager, blondes Haar, große Brille, kurze Hosen, khakifarbenes Hemd, eine Pistole am Gürtel. »Zu Willem Ratte.« Ratte, das war der Name in der afrikanischen Söldnerszene. »Er steht vor Ihnen.« Ratte war freundlich, ein kleines Kind saß auf dem Beifahrersitz, er wirkte wie ein normaler Familienvater. »Und was wollen Sie von mir?« »Über die Hamburger sprechen.« Er nickte, stieg wieder in seinen Wagen und fuhr zurück Richtung Fort. Um es zu verkürzen: Er kannte die drei Hamburger, alle im Alter unter 30. Er hatte sie ausgebildet. Gute Jungs seien sie gewesen. Wir sollten zu Radio Pretoria, da hätten sie Sandsäcke gepackt und Stacheldraht gegen die »Kaffern« gezogen. Schönen Gruß von Willem sollten wir bestellen, dann kämen wir rein. So war es, überall.

Die Geschichte wuchs weiter, wir recherchierten alle Hintergründe in knapp einer Woche, bekamen von der südafrikanischen Polizei die Festnahmefotos – unglaublich – und die Anschriften der Verbündeten der Hamburger. Wir sprachen mit dem Polizisten, der einen von ihnen erschossen hatte. Der ließ sich sogar fotografieren. Abends schickte ich meine Texte nach Hamburg, und die Redaktion war begeistert. Die Story war rund: die geplanten Anschläge auf den wahrscheinlichen nächsten Präsidenten Nelson Mandela, die Verbindungen zur rechten Szene, Bilder, ein Interview mit Willem Ratte. Mehr ging nicht.

Dazu kamen Eindrücke aus dem Land im Umbruch: Auf Versammlungen der Rechtsextremisten im Freien beim Grillen wurden mit riesigen Messern die Fahnen der künftigen Republik zerschnitten und verbrannt. Ihr Anführer Eugene Terreblanche kündigte einen blutigen Widerstand an. Selbst alte Omas trugen Waffen wie Cowboys am Gürtel. Die Schwarzen erhoben sich endlich und stellten sich demonstrativ neben solche Menschenansammlungen. Abenteuerland. Reporterland. Ich wollte nicht weg.

Zwei Tage später sollte ich nach Hause fliegen. »Morgen«, sagte Thomas im Hotel, »wollen in Johannesburg die Zulus demonstrieren und zeigen, dass sie nicht wählen werden. Das sehen wir uns an.« Das war kein Vorschlag, sondern beschlossene Sache. Am nächsten Morgen inmitten des Bankenviertels: schwer bewaffnete Armee- und Polizeieinheiten an jeder Ecke. Ausnahmezustand. Die Stimmung war angespannt. Mehr als 10 000 Zulus waren auf dem Weg zu einer Kundgebung in der Innenstadt. Die Männer tanzten auf den Straßen, hatten Leopardenfelle umgehängt und Speere in den Händen. Kalaschnikows waren zu hören. Keine Waffe ist anhand ihres Klangs so eindeutig zu erkennen wie die AK 47. Mehrere Menschen seien bereits getötet worden, sprach es sich herum. Neben dem Eingang einer Bank lag ein erschossener Mann, den Fremde mit Zeitungen abgedeckt hatten. Ich hatte schon viele Tote gesehen, aber niemals war der Zugang so einfach gewesen. Es schockte mich. Der afrikanische Wind wehte die Zeitungen weg, und der Mann mit einer Schusswunde im Hinterkopf hatte plötzlich ein Gesicht. Ich machte ein Foto, mit Soldaten im Hintergrund, als ein einheimischer weißer Fotograf in meine Richtung kam. Er trug eine kugelsichere Weste und hatte eine Pistole im Gürtel. »Da liegt 'ne Leiche«, rief ich ihm zu. »Just another one«, antwortete er und ging weiter.

Kurz darauf brach das Chaos aus. Heckenschützen feuerten von den Dächern auf die am Boden sitzenden Demonstranten. Die antworteten mit ihren Gewehren. Die Polizei, der man zu Zeiten der Apartheid immer einen Bund mit den Zulus nachgesagt hatte, um gegen den ANC vorzugehen, musste ob der anwesenden Presse Neutralität zeigen und schoss daher sowohl auf die Leute auf den Dächern als auch auf die Schützen am Boden. Jeder gegen jeden. Thomas und ich kauerten im Dreck hinter einer Mauer, und die Kugeln krachten über uns in den Putz. Eine Frau lief betend über die Straße und kam durch. Ich nahm meine Nikon F3 mit einem 24-Millimeter-Weitwinkel-Objektiv und machte Fotos von den auf der gegenüberliegenden Straßenseite schießenden Schwarzen und den auf sie zurennenden, zurückschießenden Soldaten, die mir ihren Rücken zeigten. Das dümmste Foto meines Lebens. Und das beste Foto meines Lebens, meines Reporterlebens. Es klingt verrückt, aber diese 45 Minuten des Gefechts, und 45 Minuten können sehr lang sein, waren von den Geburten meiner Söhne abgesehen die intensivsten meines Lebens. »Wenn dein Leben in Gefahr ist, weißt du, dass du lebst«, sagt Richard Gere in einem Film über den Bosnienkrieg, und er hat recht. Ein Soldat riss mich schließlich hinter einen Panzerwagen, deckte mich mit seiner Weste und erschoss einen Schwarzen nach dem anderen. Ich wollte da weg. Thomas und ich sprangen über eine Mauer, mit uns ein junger Mann, der sich vermummt hatte und einen Stein in der Hand hielt. Wir landeten im Dreck, und als wir uns aufrappelten, blieb der junge Freiheitskämpfer liegen, von einer Kugel getroffen, mit einem Loch im Kopf. Keine zwei Meter neben uns.

Dann kamen große Einheiten der Armee, die Lage beruhigte sich, die Leichen und die Verletzten wurden geborgen. Es müssen mehr als 50 Tote und an die 400 Verletzte gewesen sein. So die Schätzung der Polizei. Ich war Polizeireporter und hatte erfahren, wie schnell es einen auch ans Ende der Welt führen kann. Andere hätten aufgehört. Ich nicht.

Höhenangst

Der Kopf war schwer an diesem Morgen. Wir hatten mit ein paar Polizisten gezecht und waren in irgendeiner Jazz-Kneipe auf der Reeperbahn versackt. Ich hatte Frühdienst, wir hatten es so ausgelost, und somit hatte ich mich gegen 7 Uhr aus dem Bett gequält, war aus einem unerfindlichen Grund an der Elbe entlang gejoggt und anschließend ins Büro gefahren. Keiner war da außer der Frühsekretärin der *BILD* Hamburg. Eigentlich eine gute Abfangjägerin, aber an diesem Morgen versagte sie. Dachte ich. Abfangjäger nannte man die Kolleginnen, die bei eingehenden Anrufen schon am Tonfall und vor allem der Fragestellung des Lesers erkannten, ob es sich um einen Spinner handelte oder nicht.
Als Spinner galten die zahlreichen Menschen, die Tag für Tag bei der in der Zeitung für Fragen aller Art abgedruckten Nummer anriefen und nach einer Wette mit den Zechkumpanen wissen wollten, ob nun die Monroe oder Liz Taylor die größeren Brüste hatte. Die ihren Frust über die griechische Großfamilie im Haus und damit ihren ganzen Ausländerhass loswerden wollten. Oder die Landung von Ufos unweit eines Großbordells durchgeben wollten. Natürlich hatten sie Fotos davon, und die wollten sie ver-

kaufen. Solche verbalen Anlaufstellen und Leser, die sie nutzen, gibt es auch bei den seriösen Zeitungen, bei den »Roten« aber, wie die Boulevardzeitungen wegen des aus der Zeitung herauslaufenden Blutes genannt werden, sprengen sie zuweilen die Grenze des Erträglichen. Es sei denn, man hat eine Affinität zu Irren und macht sich einen Spaß daraus, mit ihnen zu reden. Ein verstorbener Kollege hatte einmal in einer solchen Situation einer Leserin das Rezept zur Zubereitung japanischen Fisches mit Erdnüssen und Chilipaste in den Block diktiert. Später fragten wir ihn, woher er so gut kochen könne. Und der Reporter lachte: »Ich habe keine Ahnung vom Kochen. Das Rezept habe ich mir gerade ausgedacht.« Tatsächlich bedankte sich die Dame zwei Wochen später in einem Leserbrief für die nette Behandlung.

Eine solche erfuhr der Mann, den mir die Frühsekretärin an diesem Morgen durchstellte, nicht. BND-Agent sei er gewesen, vielmehr ein geheimer Informant, undercover. Dann habe man ihn fallen gelassen. Abserviert. Ohne Geld, ohne Ehre. Er wolle darüber reden, ihm sei alles egal. Und auch seine Mutter wisse, dass er anrufe. Reinen Tisch wolle er machen. Ein Irrer eben. Ich wimmelte ihn ab, ließ mir seine Nummer geben und versprach einen Rückruf. Es mag hart klingen, aber bei den Zeitungen gehen manchmal bis zu 100 solcher Anrufe am Tag ein. Ich glaubte dem Mann nicht, hatte keinen Bock und war zu müde, um in die angeblichen Verschwörungsaktivitäten deutscher Geheimdienste einzutauchen. Dazu wirkte der Mann auch nicht seriös genug. Und seine Zunge war schwer – und das um 10 Uhr morgens. Wahrscheinlich saß er neben Aliens im Bordell und besoff sich.

Acht Stunden später. Das gleiche Telefon klingelte, und

am anderen Ende war ein guter Freund und Informant der Hamburger Feuerwehr. »Person droht« war das Stichwort; das hieß, dass ein Mann oder eine Frau irgendwo auf einem Dach stand und damit drohte, sich in die Tiefe zu stürzen. »Auf geht's«, Marco war schon in der Tür. Der Hüne gilt als Legende unter den Polizeireportern. Kaum einer auf der Straße war so vernetzt wie er. Kam man zum Beispiel zu einer Geiselnahme, grinsten die Kollegen und fragten – wohl in stiller Hoffnung, dass er verschlafen habe –, wo denn Marco sei. Der stieg dann nach dem Zugriff aus dem Führungsfahrzeug des SEK am Tatort und hatte allen mal wieder gezeigt, was eine Harke ist.

Wir fuhren los, in Marcos BMW, Richtung Hafen. Ein paar Telefonate mit dem Mobiltelefon hatten inzwischen ergeben, dass ein Mann auf dem Dach eines etwa 15 Meter hohen Mehrfamilienhauses stand, mit einer Handgranate drohte und sich regelmäßig mit Benzin übergoss. Er wollte sich das Leben nehmen und dabei einen großen Auftritt hinlegen. Das kannten wir, es war nicht der erste Fall dieser Art. Marco parkte irgendwo am Straßenrand, nahm seine Kameras, und wir schlugen uns beide die Kragen unserer Winterjacken hoch. Kalt war es, Winter eben, der Schnee flog ob des Winds fast waagerecht. Der Pressesprecher der Feuerwehr war vor Ort und führte uns bis zur Flatterleine. »Weiter könnt ihr nicht ran, wenn der springt, knallt er euch auf den Kopf. Dann haben wir drei Tote.«

Ein Beamter des Spezialeinsatzkommandos SEK kam aus dem Hauseingang. »Wo sind die *BILD*-Jungs?«, fragte er in die Runde der anwesenden Fotografen, und wir zeigten auf uns. »Moin. Heißt einer von euch Behrendt?« »Ich.« Mehr brachte ich vor Erstaunen nicht heraus. Der Beamte schaute mich direkt an. »Der Typ hat angeblich heute Morgen mit dir gesprochen. Er sei Agent oder so. Ihr habt nicht zugehört, nun macht er Ernst.« Das saß. »Und nun?«, fragte ich. Der Beamte grinste. »Er will mit dir reden. Dann quatscht den mal runter. Auf uns hört er nicht.«

Die Szenerie war von der Sekunde an gespenstisch für mich. Es war dunkel und stürmisch, das Blaulicht der Einsatzfahrzeuge erhellte zuckend den Ort, und die Kollegen waren neidisch, weil wir aufs Dach hinaufgehen durften. Ich hätte in diesem Moment gern mit ihnen getauscht. Je weiter Marco und ich durch den Altbau mit den hölzernen Geländern und den Dielen nach oben kamen, desto leerer wurde es. Die Mieter standen alle auf der Straße, in jedem Stockwerk kauerten bewaffnete Polizisten, Sanitäter standen bereit, hatten Tragen in der Hand und Plastikbehälter mit Transfusionsmaterialien. Im 5. oder 6. Stockwerk waren es nur noch Elite-Polizisten des SEK, die unter einer Dachluke standen. »Da oben isser. Viel Glück, Jungs. Und ruft uns, wenn es ernst wird.« Es sei erwähnt, dass so etwas heute nicht mehr möglich wäre; heute würden sich die Polizisten als die gewünschten Reporter ausgeben und den Selbstmordkandidaten schlicht umhauen, wenn sich die Situation dazu ergibt.

Ich ging vor, Marco war hinter mir. »Hallo, ich bin Michael Behrendt. Wir haben telefoniert«, rief ich durch den stürmischen Wind, als wir oben auf dem Dach angekommen waren. Der Mann war betrunken, er wankte und stand bedrohlich dicht an der Dachkante, unter ihm gähnende Leere mit einer Aufschlagdistanz von 15 Metern. »Warum haben Sie mir nicht zugehört?« Er drohte mit der Granate. »Komm von der Kante weg, es stürmt, das weht dich runter.« Er reagierte nicht. Schaute mal böse, mal traurig. »Ich war bei dem Verein, Scheiß-Geheimdienst. Die haben mich verarscht. Komm zu mir, ich will reden.« Ich habe Höhenangst, und wie. Seit ich Kind war. »Aber nicht da vorn«, sagte ich also, »weiter hier.« Er stimmte zu. »Aber der Fotograf verschwindet, der sieht wie ein Bulle aus.« Ich war Marco nicht böse, dass er ging, und fühlte mich doch von ihm allein gelassen. Ich stand mit diesem Mann und seiner Granate in einem Wintersturm mit Höhenangst auf einem Dach und wusste, dass der Typ sauer auf mich war. Mehr als eine Stunde lang unterhielten wir uns. Über den BND, den ich damals nur aus den Nachrichten kannte. Über seine Mutter und über seine Familie und über die Arbeit, die er für den Geheimdienst gemacht haben wollte. Und immer wieder nahm er den Benzin-Kanister, übergoss sich mit Sprit und hielt drohend ein Feuerzeug in die Höhe.

Ich weiß nicht, was ich ihm versprochen habe. Ich hatte Angst, schlicht Angst. Der Sturm war immens, und ich hatte die Befürchtung, dass es uns irgendwann von dem schneeglatten Dach in die Tiefe wehen würde. »Komm, Alter, ich setz mich für dich ein, aber lass uns auf dem Dachboden reden. Da sind keine Bullen, aber wir erfrieren hier«, brachte ich hervor. Er nickte. Vielleicht war ihm nur kalt, vielleicht wollte er auch aufgeben oder brauchte einen warmen Kaffee oder Schnaps. Jedenfalls folgte er mir. Ich konnte das Benzin riechen, als er wieder abdrehte: »Du bist doch ein Bulle, du Schwein, erzähl mir nichts.« Ich beruhigte ihn, ging die Stufen der Klapptreppe hinunter. »Nein, ich bin Reporter, du hast mich angerufen. Komm jetzt, ich friere.«

Erstmals konnte ich den Mann richtig erkennen, weil Licht aus dem Dachboden und dem darunter liegenden Flur nach oben schien. Er war mindestens 1,80 Meter groß und kräftig. Er trug einen weißen Maleroverall, hatte dichtes

Haar und einen Schnurrbart. Er kam mir nach, langsam, die Granate in der Hand. Den Kanister ließ er stehen. Ich war bereits auf den Planken des Dachbodens angekommen, als er wieder drohte, die Granate zu zünden und fallen zu lassen. Dann wäre ich tot, in wenigen Sekunden. »21, 22, 23, bumm«, zählen die Soldaten im Film, wenn sie den Splint gezogen haben. Ich wollte nicht mit so einer Geschichte in die Annalen der *BILD*-Zeitung eingehen. Der Mann brüllte wieder. »Du bist vom Verfassungsschutz, du Schwein, ich glaube dir kein Wort.« Ich sprach nach oben, und Schnee fiel auf mich herab. »Ich bin Reporter, verflucht.« »Dann zeig mir deinen Ausweis.« Ich griff in meine Innentasche, holte meinen Presseausweis hervor und hielt ihn nach oben. In dem Moment, als der Mann ihn nehmen wollte, griffen die SEK-Beamten zu. Sie zerrten den Kerl durch die kleine Öffnung, kickten die Granate zur Seite, und der Typ drehte durch. Schlug um sich wie ein Epileptiker. Sechs Beamte waren nötig, ihn zu überwältigen. Ich rannte die Treppe runter. Zu Marco. In Sicherheit. Später stellte sich heraus: Die Granate war nicht echt, seine Geschichte schon.

Seitenwechsel

Es gibt sie, diese Bilder. Bilder, die man nicht mehr vergisst und von denen man sich nach Jahren des Berufes fragt, warum es ausgerechnet diese Bilder sind, die sich in das Gedächtnis geprägt haben. Jeder Mensch der Extreme, ob SEK-Beamter, Feuerwehrmann, Angehöriger einer Streifenwagenbesatzung oder eben auch Polizeireporter, hat seine eigenen Bilder, Erinnerungen und Dämonen, die ihn heimsuchen, wenn es dunkel wird.

Bei aller Bescheidenheit, ich kann auf eine ganze Menge solcher Dinge zurückblicken. Skurrile, traurige, gefährliche. Nie vergessen werde ich beispielsweise den Tag, an dem eine unserer Sekretärinnen mir die Nummer eines Handys zusteckte und sagte, dass da eine Leserin unsere Hilfe bräuchte. Auf dem Zettel stand noch eine Adresse, daneben ein Name: Amanda, dazu ein spießiger deutscher Nachname. Es war klar, dass »Amanda« wohl erfunden war. Ich und ein Fotografenkollege der *B.Z.* fuhren zu der Adresse in Neukölln. Sie lag in irgendeiner dieser Seitenstraßen der Sonnenallee. Regennass die Wege, Autos standen geparkt in der zweiten Reihe, jugendliche Männer mit Migrationshintergrund schauten böse unter den Kapuzen ihrer schwarzen Pullis hervor. Ich klingelte an dem

Schild mit dem deutschen Nachnamen, und nach dem zweiten Läuten wurde geöffnet. Die Geschichte war schnell erzählt. Amanda, eine junge Prostituierte, war wegen eines geringfügigen Deliktes zu einer Haftstrafe verurteilt worden und kurz vor Haftantritt untergetaucht. Ihr Lebensgefährte und Vater der dreijährigen Tochter hatte im Suff jemanden fast totgeschlagen. Wegen guter Führung hatte er Freigang und war seit Tagen nicht, wie mit den Sicherheitsbehörden vereinbart, zur täglichen Nachtruhe im Gefängnis erschienen. Die beiden erzählten ihr ganzes Leben, wieder und wieder – weinend. Es war herzzerreißend und glaubwürdig, es wirkte authentisch. Amanda, wie sie sich auf der Straße nannte, wollte weg vom Kiez, weg von den Freiern und dem Schmutz der Kurfürstenstraße, nicht weit entfernt der City West, wo Luxus im KaDeWe und ungeschützter Geschlechtsverkehr, den machtgeile Manager in teuren Mercedessen von kranken Drogenhuren erzwangen, nah beieinanderlagen. Und heute noch liegen. »Ich bin schwanger, ich bin HIV-positiv und sehe auch so aus«, hat mir eines dieser Mädchen abends mal erzählt, als ich auf Spurensuche in dem Moloch war und die junge Frau dankbar den warmen Kaffee annahm, bezahlt von jemandem, der nicht darauf stand, einen ohnehin am Boden zerstörten Menschen auf dem Rücksitz eines Autos noch mehr zu erniedrigen, als er es ohnehin schon war. Dazu einen mit einem Babybauch.

Amanda war eines dieser Mädchen, und sie hatte sich ein kleines Glück erträumt. Mit Thomas, dem Totschläger, der aber zu ihr so liebevoll sein konnte und immer wiederkehrende Versprechungen machte, von dem Häuschen mit der Buddelkiste, in dem das gemeinsame Kind spielen könnte. Sie träumten von einem neuen Job und einem neuen Leben in der Sonne, und wenn es auch nur ein kurzer Urlaub sein würde, einmal im Jahr. Die Flucht vor dem Dreck.

Die junge Frau, vielleicht 21 Jahre alt, war dankbar für das Kind, das sie mit dem Totschläger hatte. Mit dem Mann, der wegen ihr ebenfalls auf der Flucht war. Der Schwüre leistete, die man in dieser Welt eben schwor, gleichwohl er sie sicherlich ernst meinte. Und die beiden jungen Menschen waren verzweifelt. Wegen der Wunde, die die junge Frau an ihrer rechten Wade hatte. Die sie nicht behandeln lassen könne, wie beide sagten, weil dann ja die Behörden auf sie aufmerksam werden könnten. Eher wollten sie zusammen in der nasskalten Neuköllner Wohnung sterben, als ins Gefängnis zu gehen, als sich zu trennen. Niemals wieder wollten sie sich trennen, weil der Traum sie beide zusammenhielt. Der Traum, von dem wir Reporter wussten, dass er ein Traum bleiben würde und dass es nur ein trauriges Ende in diesem Stück geben konnte, würden sie nicht die Haftstrafe antreten und würde das Mädchen sich nicht behandeln lassen.

Mein Fotografenkollege kam damals gerade aus Somalia zurück. Es war die Zeit Anfang der 90er-Jahre, als der Hungertod in dem afrikanischen Land Einzug gehalten hatte, Menschen erschossen wurden, Kinder starben, jeden Tag. Thomas war Mensch geblieben trotz des Horrors, den wir erleben. Schlau, aufrecht, erfahren, abgebrüht, sensibel. Er hatte viel gesehen. Aber als die junge Frau für das Foto den Verband abnahm, wir die faustgroße offene Wunde mit den Maden sahen und das rohe Fleisch rochen, drehte sich Thomas weg und übergab sich vom Balkon. Mit Kräuterwickeln, einem Rezept der Großmutter, wollte das junge Paar dem in dem jungen Körper um sich greifenden Tod die Stirn bieten. Wir redeten auf sie ein, wollten sie zum Arzt bringen, hätten selbst die Arztrechnung bezahlt. Sie gaben nicht nach. Sagten auch nicht, was sie eigentlich von uns wollten. Sie verließen die Wohnung mit uns und flüchteten ins regennasse Neukölln – mit dem Traum im Kopf und der Angst im Nacken. Eine Woche später wurde die Leiche einer jungen Frau in einer Wohnung entdeckt, gestorben an einer Blutvergiftung. Bis heute kann ich den Anblick dieser offenen Wunde und ihren Gestank nicht vergessen. Und den Blick der jungen Frau. Voller Hoffnung. Voller Angst.

Ähnlich war eine Situation auf der Damentoilette des Bahnhofes Joachimsthaler Straße unweit der Prachtstraße Kurfürstendamm. Dort trafen sich damals die Junkies in einem Abort, der dem Anschein nach seit Jahren nicht mehr gereinigt worden war. Ich und mein Kollege Nicolai – einer der besten Polizeireporter auf der Straße aller Zeiten – kannten in der Innenstadt eingesetzte Polizeibeamte. Wir hatten angefragt, ob es in naher Zukunft eine Razzia oder irgendetwas Vergleichbares geben würde, und sie sagten schlicht, dass wir uns am Café Kranzler treffen sollten. 30 Minuten später waren wir in dem Toilettenbereich. Zwei Junkies erhitzten gerade das Heroin in einem Esslöffel, als wir mit den beiden Beamten den Raum betraten. Es roch nach Urin und Kotze, und irgendwer hatte in eine der Ecken gekackt. »Zwei Möglichkeiten«, sagte einer der Beamten. »Die Reporter dürfen euren Spaß fotografieren, und alles ist schick, oder ich rempel euch versehentlich an, und der Schuss ist am Arsch.« Die Junkies hatten Angst, daher willigten sie ein. Ich sah zu, wie sich zwei Männer nacheinander eine Spritze teilten, sie aufzogen, Blut sich mit Drogen vermengte, dann in unterschiedliche Venen gespritzt wurde. Der Polizist war kein böser Mensch, aber schon ziemlich abgestumpft. Eine Zigarette rauchend, sagte er zu den Fixern: »Ihr seid eh verloren, aber wenn die Jungs hier beschreiben, was ihr macht, können wir vielleicht ein paar junge Seelen retten.« Und die Junkies nickten. »Bist ein guter Polizist, wärste bloß schon da gewesen, als ich noch jung war.«

»Kommt mal mit«, sagte der Beamte zu uns und schloss mit einem Kantschlüssel eine der versperrten Toilettenkabinen auf. Darin kniete eine junge Prostituierte über der Schüssel, Arme und Beine mit vernarbten Einstichwunden übersät, und putzte sich in dem völlig verdreckten Klo die Zähne und wusch sich die Haare. »Sag den Jungs, wo du jetzt hingehst«, bat er sie. »Ich lass mich jetzt von Managern ficken«, sagte die Frau und zog mit einer Handtasche voll Kosmetik Richtung Kurfürstenstraße. »Darauf stehen die reichen Typen«, sagte der Polizist. »Je reicher sie sind, desto mehr stehen sie darauf, noch mehr zu erniedrigen. Schreibt das.«

Bei der dritten Situation, die sich in meinem Kopf verhaftet hat, begleitete ich eine Polizeieinheit im Berliner Stadtbezirk Neukölln. Wir wollten die Arbeit der Zivilfahnder beschreiben und hatten die Genehmigung, zwei Beamte des Streifendienstes VB (Verbrechensbekämpfung) zu begleiten. Zuständigkeitsbereich Abschnitt 55. Dort war der SEK-Mann Roland Krüger bei einem Einsatz erschossen worden, ebenso der Zivilfahnder Uwe Lischied, als er einen Handtaschendieb verfolgte. Die Kugel traf ihn in den Kopf. Ich kannte Uwe von Razzien gegen die Drogendealer in der Hasenheide, einem Park in Neukölln, in dem nach Einbruch der Dunkelheit die Gewalt der Dealer regiert. Ich hatte ihn sehr gemocht. Er war ein anständiger Kerl. Gewesen.

Mein Kollege und ich erreichten das Dienstgebäude, die Männer bereiteten sich gerade auf die Nacht vor: Sie zogen kugelsichere Westen an, verstauten Pfefferspray am Körper, ausziehbare Tonfas (Schlagstöcke mit Quergriff) und Handschellen. Zu viert zogen wir los, und auch wir trugen kugelsichere Westen, was vor 20 Jahren belächelt worden wäre, in der heutigen Zeit aber leider nötig ist.

Eine Schlägerei wurde gemeldet, irgendwo in Neukölln, in einem BVG-Bus. Wenig später stellte sich heraus, dass ein junger Mann, der in Begleitung seiner hübschen Freundin war, in dem Bus von einer Horde junger Migranten angepöbelt und verdroschen worden war, weil sie ihm die Freundin neideten. Die Männer waren auf der Flucht und wir auf der Jagd.

Ein Hinweis kam über Funk herein. Eine Nachbarin hatte zu später Zeit verdächtige Personen auf dem Gelände einer Kindertagesstätte gesehen. Mindestens acht Mann, verteilt um das Haus, betrunken. Wir erreichten das Gebäude kurz darauf. »Okay, Leute, wir sind zwei Bullen und zwei Reporter. Aber ihr seht wie Bullen aus. Also jeder Schreiber mit einem von uns.« Die Ansage war klar. Seitenwechsel. Und natürlich fühlt man sich als Polizeireporter in so einem Moment den Beamten im Wagen näher als den brutalen Schlägern auf der Straße. Objektive Beobachtung unmöglich. Jetzt hieß es, auf der Hut zu sein. Mein Partner und ich entdeckten drei der Schläger in einer Abseite, er schnappte sich zwei, ich einen, ähnlich lief es beim anderen Team. Während mein »Kollege« die bösen Jungs durchsuchte, entdeckte ich einen weiteren unter einer Sitzbank direkt vor uns. Der kam erst nach körperlicher Aufforderung aus seinem Versteck. »Durchsuch ihn«, hieß es, Messer könnten im Spiel sein, und so wurde ich zum Polizisten.

Am Wagen warteten wir auf die Kollegen der Bereitschaftspolizei. Die war aber andernorts im Einsatz, und zur Nachtzeit ist Berlin ob der Personalsituation nicht gerade mit Einsatzkräften gesegnet. Der betrunkene arabische Rädelsführer grölte herum. »Ihr müsst mich abknallen, ihr Scheiß-Bullen. Ich bin der übelste Kanacke, und wenn ihr mich jetzt nicht erschießt, dann kille ich eure Familien. Ich töte eure Frauen und eure Kinder. Schwöre auf den Koran.« Gestalten erschienen plötzlich in der Seitenstraße. Verwandte, Cousins, Brüder der Festgenommenen. 30 Männer, wir zu viert. »Ey, Scheiß-Bulle, gibst du meinen Cousin raus, sonst bist du tot.« Schulter an Schulter drängten sie auf uns zu, auf vier Polizisten, von denen zwei eigentlich Reporter waren. Lauter wurden die Stimmen, härter die Forderungen, konkreter die Versprechungen von einem langen qualvollen Tod. Von der Bereitschaftspolizei keine Spur. Die konnte nichts dafür, sie war bei einem anderen Einsatz.

»Was machen wir?«, fragte ich einen der Fahnder. »Es gibt 'ne Reihenfolge. Fäuste, Pfefferspray, Tonfa, Schusswaffe. Die denken, ihr seid Bullen, also gehen die von vier Knarren aus. Gut für uns.«

Es sagt sich leicht im Roten Rathaus, dass Berlin arm, aber sexy ist. Ich würde die Politiker gern mal in einer solchen Situation sehen, nachdem sie zuvor noch verkündet haben, dass man Personal bei der Polizei einsparen müsse.

Die Lage wurde ernster. Erste Kleingruppen kamen auf uns zu, pumpten sich auf, nahmen eine bedrohliche Haltung ein. Einer der beiden Beamten ging ihnen entgegen und öffnete seine Tarnjacke, so dass seine SIG Sauer P225 im Mondlicht blitzte. »Jungs, ich flamm euch weg.« Es war nicht die Waffe, es war der Blick des Mannes, der die Situation rettete. Die Gruppe zog sich zurück. Dann kam die Bereitschaftspolizei, und die Lage beruhigte sich.

Später zogen wir die Westen aus und fuhren nach Hause. Die Zivilfahnder zogen sie am nächsten Tag wieder an. Wieder in der Unterzahl. Wieder entschlossen. Wieder in Lebensgefahr.

Verrückte

Man mag über diesen Beruf denken, was man will. Es wird immer Kritiker geben, die Journalisten vorwerfen, sich in die Angelegenheiten anderer einzumischen, sich in deren Privatsphäre zu drängen, um damit Auflage zu machen. Geld zu verdienen mit dem Leid anderer Menschen, weil wiederum andere Menschen dem Voyeurismus verfallen sind. Sicherlich gibt es bedauerliche Fälle. Aber es gibt auch die Fälle, von denen es später heißt, wie wichtig die Presse sei. Die vierte Macht im Staat.

Ich kenne die Diskussionen von Partys, bei denen einige Leute – kaum dass sie vom Beruf ihres bis dato unbekannten Gegenübers erfahren haben – meinen, sich ein Urteil über dessen Leben und Charakterzüge machen zu dürfen. Auf der Geburtstagsfeier eines Bekannten wurde ich beispielsweise von einem Psychologen mit unflätigsten Worten beschimpft, weil ich als Kriegsreporter gearbeitet habe. Ich hätte doch sicherlich wahre Freude empfunden, den toten Kindern ins Gesicht zu fotografieren, hätte mich am Blut ergötzt, ich sei ein erbärmlicher Adrenalinjunkie. Drei Möglichkeiten gab es: ihn mit einem Schwinger niederzustrecken. Ihm zu erzählen, dass ich in Mostar fast meinen gesamten Proviant an die Kinder verschenkt und Verletzte transportiert hatte.

Die dritte Option war schlicht, vom Tisch wegzugehen. Das tat ich, was sich im Nachhinein als die beste erwiesen hat.

Vieles von dem, was auf dieser Welt passiert, würde ohne die Medien und deren Informanten nicht ans Licht kommen. Und es würde sich nichts ändern.

Gerade mal eine kleine Meldung war es beispielsweise der Polizei wert, als Ende 2012 ein kleines Mädchen, nicht einmal ein Jahr alt, vom eigenen Vater misshandelt und schwer verletzt worden war. Die wahren Hintergründe erfuhr ich nachts auf der Straße im Regen: Die junge Mutter lebte in einer sozialen Einrichtung, zu der der erst 17 Jahre alte Vater keinen Zugang hatte und in der er schon gar nicht hätte übernachten dürfen, weil den Behörden bekannt war, dass der Säugling bereits vor diesem Zwischenfall Misshandlungsspuren aufwies. Man hatte dem Vater die Misshandlungen zugerechnet und angeordnet, dass er nicht mit seinem Kind allein in einem Raum sein durfte. Die Mitarbeiter der sozialen Einrichtung hatten dies gewusst, und es hätte zumindest kritisch beleuchtet werden müssen, warum das zuständige Jugendamt nicht besser aufgepasst hatte. Das Kind starb schließlich, weil es schwerste Hirnverletzungen erlitten hatte. Ich schrieb mir die Finger wund – bis der inzwischen per Haftbefehl gesuchte Vater gestellt wurde. Ich berichtete, bis Mitarbeiter der sozialen Einrichtung entlassen wurden, bis die Staatsanwaltschaft den Fall übernahm und ermittelte.

Es sind gerade solche Fälle von Kindern, die in der Anonymität der Großstadt schreckliche Dinge durchmachen müssen, die einem die Tränen in die Augen treiben. Wie der Fall einer Familie aus dem Ostteil der Stadt, es waren fünf Kinder, wenn mich meine Erinnerung nicht täuscht. Die alleinerziehende Mutter hatte von der ganzen Situation genervt ihre Sachen gepackt, ihre Kinder allein gelassen und war zu ihrem Freund gezogen. Ab und an brachte sie etwas Geld vorbei. Der älteste Junge, er war damals acht Jahre alt, hatte den Job übernommen, an dem selbst Erwachsene oft scheitern. Er hatte seine Geschwister zur Kita gebracht, sie versorgt, mit den Kleinen Schularbeiten gemacht und war selbst zur Schule gegangen. Er hatte die Familie zusammengehalten, wahrscheinlich abends Geschichten vorgelesen und dafür gesorgt, dass niemand etwas von der Tragödie mitbekam. Bis das Jugendamt auf die Sache aufmerksam wurde. Ich hatte einen solchen Respekt vor diesem kleinen Kerl, dass ich am Computer saß und weinte, als ich seine Geschichte aufschrieb.

Sicherlich hat man nach Jahren der Kriminalitätsberichterstattung nicht mehr für jedes Opfer ein solches Mitgefühl. Das hält sich in Grenzen, wenn ein Mitglied der Russenmafia von einem verfeindeten Klanmitglied erschossen und dieses kurz darauf festgenommen wird. Zwei zu null für die Sicherheit der Stadt, heißt es dann schon mal zynisch, weil zwei der Gangster nicht mehr ihr Unwesen treiben können – weil einer tot ist und der andere im Gefängnis sitzt.

Sind Kinder im Spiel, ändert sich die Lage sofort, bei fast allen. So ging es mir und meinem damaligen Kollegen Nico irgendwann Mitte der 90er-Jahre. Ich hatte einen Tipp bekommen, dass das SEK in den Ostteil der Stadt gerufen worden war. SEK-Einsätze sind immer spannend. Sie versprechen zumeist Spektakuläres – das SEK wird dann gerufen, wenn alle anderen Mittel der Sicherheitsbehörden versagen –, außerdem sehen die Bilder einfach stärker aus, wenn die Männer vermummt und schwer bewaffnet unterwegs sind.

Die Lage war ernst. Ein Vater hatte anscheinend vor, seine beiden Kinder in der Wohnung umzubringen. Der Ehefrau war es gelungen, die Räume zu verlassen und die Polizei zu alarmieren. Nico und ich waren schnell vor Ort, kurz nach den Kollegen einer anderen Zeitung. Damals gab es noch nicht so viele Medien wie heute. Drei oder vier Teams der großen Tageszeitungen waren es letztlich. Der Einsatzort war abgesperrt, vom SEK war wenig zu sehen, die Beamten hatten in dem mehrgeschossigen Plattenbau Stellung bezogen. Bereitschaftspolizisten standen an den Flatterleinen, es war windig, und es nieselte. Der SEK-Chef kam zu uns Journalisten, und wir waren froh, dass der Kommandoführer den Einsatz selbst leitete. Er hatte einen Namen in der Szene und innerhalb der Polizei, Spitzname Sike. Er trug Jeans, eine Schimanski-Jacke und hielt eine Zigarette in der Hand, die zu einem vom harten Training dicken Oberarm gehörte. Sike hatte ein breites Grinsen, war ein liebenswertes Großmaul mit Berliner Schnauze und hatte schon damals einen hohen Dienstgrad, weil er die Deutsche Hochschule der Polizei in Hiltrup höchst erfolgreich absolviert hatte. Er brauchte selbst bei großen Veranstaltungen kein Mikrofon, er hatte eine laute und feste Stimme. Die sprach jetzt zu uns an der Flatterleine. Sike war klar Herr des Geschehens, er hielt sich nicht mit umständlichen Höflichkeiten wie dem »Sie« auf, sondern kam gleich zur Sache. »Jungs, ihr wisst, wie es läuft. Ich habe Verständnis für euren Job, aber da drin sitzt ein böser Mensch, der seine kleinen Mädchen mit einem Messer umbringen will. Ich kann hier nur eine Sorte von Reportern gebrauchen, nämlich die, die sich leise verhält und macht, was ich sage. Wenn das Ding gut ausgeht, und das habe ich gerade am Wagen mit meinen Männern und dem lieben Gott besprochen, dann kriegt ihr euer Foto, wie der Täter von meinen Leuten abgeführt wird. Dafür verlange ich aber Kooperation. Andernfalls nehme ich jetzt ein Megafon in die Hand, und ihr geht so lange Richtung Horizont, bis ich Stopp sage. Und das kann ein bisschen dauern.« Wir nickten ihm zu. Eingeschüchtert diejenigen, die ihn nicht so gut kannten. Grinsend diejenigen, die ihn schon öfter erlebt hatten.

Sike ließ zu, dass wir in unseren Autos unweit des Haupteingangs warteten, weil das Wetter alles andere als schön war und seine Leute nach dem Zugriff ohnehin dort herauskommen würden. Dort stand auch der Notarztwagen bereit, wie immer bei SEK-Einsätzen, weil bei der Gefährlichkeit der Aufträge dieser Einheit immer mit Verletzten gerechnet werden musste – oder auch mit Toten. Wir saßen eine ganze Zeit lang zusammen, rauchten viele Zigaretten und tranken Gatorade, was damals total modern war. Kurz darauf erschien mit einem Mal ein freier Fernsehreporter. Dreist parkte er direkt vor dem Haus, von dem sich die Polizei zurückgezogen hatte, zum einen, um den Täter nicht zu provozieren, der immer wieder aus dem Fenster schaute, zum anderen, um die Kinder nicht zu gefährden. Sike kam plötzlich von irgendwo her und stellte den Fernsehfuzzi zur Rede. Wie, kann man sich vorstellen. Ebenfalls vorstellen konnte man sich, was ihm Sike versprach, wo die Kamera landen würde, würde der Mann nicht sofort verschwinden. Ziemlich eingeschüchtert fuhr er wenig später weg. So bald würde der einen solchen Schwachsinn nicht wieder riskieren.

Die Situation spitzte sich zu. Ungesehen von dem Täter, hatten sich zwei SEK-Männer vom über der Tatwohnung gelegenen Balkon abgeseilt und hingen sprungbereit wie

Spiderman direkt über der Fensterleiste zum Kinderzimmer, in dem die kleinen Mädchen von ihrem Vater bedroht wurden. Technik war installiert, die Elite-Polizisten hatten sprichwörtlich Augen und Ohren in dem Raum. Dann überschlugen sich die Ereignisse: Die Polizisten hörten die Kinder wimmern, der Vater stach auf sie ein, machte Ernst. Notzugriff. Binnen zweier Sekunden zerfetzten SEK-Stiefel die Scheiben, prasselten Scherben auf den Mann nieder, landeten die Fäuste des einen Beamten in seinem Gesicht, während der andere sich schützend über die Kinder warf. Hektische Funksprüche, Sanitäter und Notärzte rannten den Zugang zum Plattenbau hinauf, und Nico und ich stürzten aus dem Wagen. Sike stand am Eingang. Er bedeutete uns mit einer Bewegung innezuhalten. Er war am Funkgerät, ein Knopf in seinem Ohr. Wir bekamen vom Gespräch nichts mit. Nie in all den Jahren sah ich ihn so ernst schauen. Bis sich sein Gesicht plötzlich entspannte, er die Backen aufblies, die Luft danach laut entweichen ließ und sich eine Prince Denmark anzündete. »Gut gegangen. Die beiden Kinder sind verletzt, aber wohl nur oberflächlich. Die Ärzte bringen sie jetzt raus. Danach wird der Täter rausgebracht, er ist ebenfalls leicht verletzt. Das ist der Moment, in dem ihr eure Bilder machen könnt.« Kurz darauf trugen die Rettungskräfte die beiden Mädchen in den Wagen und rasten mit Blaulicht und Martinshorn davon. Dann kam der Vater. Rechts und links ein SEK-Mann, vermummt und bewaffnet. Der Mann im Unterhemd hatte die Hände auf den Rücken gefesselt und blutete im Gesicht. »Festnahmebedingte Unordnung im Gesicht« heißt das im Szenejargon.

Sike bedankte sich bei uns und später im Radiointerview vor Ort für das faire Verhalten der Presse. Dafür wurde er von der Polizeiführung angezählt. Dass er und seine Leute zwei Kinder gerettet hatten, schien nicht mehr von Bedeutung.

Über die Männer des SEK gibt es viele Mythen, und jeder, der sie nicht kennt, wird seine eigene Vorstellung von ihnen haben. Als ich irgendwann erstmals auf die Geburtstagsparty eines dieser »Irren« eingeladen wurde und auch die Familien mitkommen sollten, sah meine Frau sich die Männer an. Sie trugen keine Masken oder kugelsicheren Westen, sondern Shorts und T-Shirts und hielten mit zum Teil tätowierten Armen Kinder und Sangria-Gläser in die Höhe. Es wurde gelacht und dummes Zeug geredet. Bei der Heimfahrt sagte meine Frau: »Ich habe mir eine solche Einheit anders vorgestellt. Irgendwie militärischer.« Und lachend fuhr sie fort: »Und irgendwie disziplinierter. Das sind ja alles Verrückte, im positiven Sinn.« Nach einem kurzen Blick aus dem Fenster sagte sie, nun wieder ernst: »Aber wenn ich mir vorstelle, als Geisel in einer Bank zu sein, und das vielleicht nicht alleine, dann will ich, dass die kommen.« Verrückte eben.

Hilfssheriffs

Es war mein letzter Arbeitstag bei der *B.Z.* in Berlin, ich hatte wegen eines völlig cholerischen Chefs gekündigt und einen neuen Vertrag bei der *BILD*-Zeitung in Hamburg unterschrieben. Das Ganze war mit einem Umzug verbunden, einem völlig neuen Arbeitsfeld und neuen Kollegen. Meine damalige Freundin wollte in Kiel studieren, was schließlich nicht klappte. Also war ich gewissermaßen allein auf dem Weg in die Hansestadt. Ich hatte kein gutes Gefühl, auch wenn es im Nachhinein betrachtet das Richtige gewesen ist, diesen Schritt zu gehen.

Aber noch saß ich in der Polizeiredaktion der *B.Z.*, hatte meinen letzten Spätdienst, der von 14 bis 22 Uhr ging. Nico hatte es sich am Nachbarschreibtisch bequem gemacht, eine Zigarette zwischen den Zähnen und die Füße auf dem Tisch – an der Lehne des Stuhls hing seine blaue Bomberjacke. Er war genervt. Zum einen war er nicht gerade froh darüber, dass sein Freund die Stadt verließ, wir hatten viel zusammen durchgemacht. Zum anderen hasste er es, wenn es nichts zu tun gab. »An deinem letzten Tag sollten wir es noch mal krachen lassen«, sagte er und meinte damit sicherlich nicht den für Dienstschluss geplanten Kneipenabend. Da klingelte sein Handy, es war das Jahr 1993, und die

Dinger passten damals noch nicht in die Hosentasche wie heute.

»Ja?«, sagte er in den Hörer und schickte kurz darauf ein knappes »Danke« hinterher. Er notierte etwas mit einem Kugelschreiber, verschränkte dann die Arme hinter seinem Kopf und grinste.

»Und, wollen wir?« Er musste irgendeinen guten Tipp bekommen haben.

»Was haste?«, fragte ich ihn.

»Da hat so ein Kerl angerufen, der manchmal Funk hört. Der hat eben die Alarmierung für einen Pieper bekommen plus eine interne Durchwahl, die derjenige anwählen soll. Das muss was sein. Ruf doch mal an.«

Er gab mir einen Zettel mit fünf Ziffern, die Einheitsanwahl der Polizei war bekannt. Scheiß drauf, dachte ich mir. Ist mein letzter Tag, was soll's. Nach dem zweiten Klingeln nahm ein Beamter des Lagedienstes den Hörer ab und nannte seinen Namen. Ich raunte ein genervtes »Wat jibts denn?« in den Hörer.

»Ein Tötungsdelikt.« Der Beamte hielt mich für einen Kollegen. Ich war 24, heute würde ich so weit nicht mehr gehen, aber damals war das irgendwie anders.

»Wo denn?«

»Flughafenstraße.«

»Wer gegen wen?«

»Is unklar, ein Mann liegt tot in seiner Wohnung. Offenbar erschossen.«

Ich bedankte mich und sah Nico an. »Und nun?«

»Wenn du schon angerufen hast, können wir auch hinfahren. Nur mal schmulen«, grinste der Fotograf, und ich wusste, dass er richtig an die Story heranwollte.

Die Fahrt zur Neuköllner Flughafenstraße dauerte vom

Verlagsgebäude in Kreuzberg knappe zehn Minuten. Das Wetter war nicht sonderlich gut an diesem Herbsttag, und Neukölln kann schon bei Sonnenschein deprimierend wirken. Bei Regen und kaltem Wind steigert sich diese Wahrnehmung noch. »Hier will ich nicht mal tot überm Zaun hängen«, hatte mir ein Beamter mal gesagt, und das konnte ich sehr gut nachempfinden.

Ein Schutzpolizist stand vor der schweren Haustür. Wir parkten auf der anderen Straßenseite, und Nico nahm nur eine kleine Kamera mit, die er in der Innentasche seiner Jacke versteckte. Von der Kleidung und dem Verhalten war es nicht selten abhängig, ob man an einer Absperrung durchkam oder nicht. Man musste wie ein Zivilfahnder aussehen. Dazu gehörten Jeans, Bomber- oder Schimanski-Jacke, am besten in Camouflage, weil das die »Uniform« der Beamten war, die nachts zivil in die schlimmen Gebiete gingen, darunter ein Kapuzenpulli. Und schwarze Bergstiefel mit harter Sohle. Das ist der klassische Zividress, der Reportern auch beim Recherchieren in brenzligen Gegenden oft die Haut retten kann, weil die Gangster sie für Polizisten halten. Jeder gute Polizeireporter hat mehrere solcher Kleidungsstücke im Schrank hängen, um kombinieren zu können. Früher, als ich selbst noch beinahe jeden Tag »auf der Straße« war, lief ich nur in solcher Kleidung herum. So auch an diesem Tag, und der Schutzpolizist an der Tür nahm uns schon von Weitem als Kollegen wahr, zumal Nico einen viertürigen Opel fuhr, wie er ebenfalls von Zivilbeamten der Berliner Polizei benutzt wurde.

Nun fehlte nur noch das richtige Auftreten. Läuft man zu verhalten, suggeriert man, mit einer Überprüfung zu rechnen, weil man ebendiese Absperrung nicht überschreiten darf. Geht man entschlossen, vermittelt man das Gefühl dazuzugehören. Nico beherrschte dieses Spiel in Perfektion. Er rief dem Beamten am Tathaus schon von Weitem zu: »Können wir hier stehen bleiben, oder will der PfdE samt KT hier gleich stehen?« Polizeivokabeln. PfdE bedeutet »Polizeiführer des Einsatzes«, KT steht für Kriminaltechnik. Nur Polizisten kennen eigentlich diese Abkürzungen. Oder eben Leute, die zuhören und sich so was merken. Man lernt jeden Tag dazu. »Nee, ist okay, leg aber die Kelle rein.« Beamte von zivilen Einheiten legen die Anhaltekelle neben das Lenkrad in den Innenraum, wenn sie mit ihrem Wagen im Halteverbot stehen. Damit ist der Wagen als Einsatzfahrzeug zu erkennen. »Alles klar«, sagte Nico, der schon halb über die Straße war, und ging zum Wagen zurück. Er machte irgendwas im Innenraum, und der Schutzpolizist wertete es als das Ablegen der Kelle. Tatsächlich hatte sich Nico eine Schachtel Zigaretten geholt. Wie selbstverständlich gingen wir auf die Absperrung zu. »VB1 schon drin?«, fragte ich nun, gemeint ist damit die Kripoeinheit, die immer zuerst am Tatort erscheint und entscheidet, ob es sich bei Toten beispielsweise um Mord oder Selbstmord handelt und somit die Mordkommission alarmiert werden muss oder nicht.

»Ja, im Erdgeschoss.«

Nico bedankte sich, hob das Flatterband wie selbstverständlich hoch, und wir schlupften drunter durch. »Klappt immer wieder«, grinste er und ging in den Hinterhof. Wir kamen nicht weit, denn in der Tür zum Hinterhaus stand ein Zivilbeamter. Einer, den wir kannten – und schätzten. Er uns auch. Aber hier war jetzt Endstation. »Na, ihr Gauner, habt ihr wieder einen armen Streifenbeamten auf die Schippe genommen?«

»Wir haben jedenfalls nicht geschwindelt«, sagte Nico wahrheitsgemäß.

»Aber mit dem Presseausweis habt ihr auch nicht gerade gewedelt.«

»Sind ja nicht gefragt worden«, gab ich ebenso wahrheitsgemäß zurück.

»Kein Wunder bei eurem Outfit. Im Ernst, Männer, die Mordkommission ist noch nicht mal da. Ich will jetzt nicht fragen, wo ihr die Info herhabt. Aber in dieses Haus hier kann ich euch nicht lassen.«

»Können wir in den anderen ein bisschen herumfragen?«, wollten wir wissen. Der Polizist gestattete es. Heute wäre so etwas nicht mehr denkbar.

Nico und ich klingelten uns durch das Vorderhaus und die beiden Seitenhäuser. Erkundigten uns nach dem Mann, der in der Hinterhauswohnung im Erdgeschoss wohnte. Nach seinem Umfeld, seinen Freunden, das ganze Programm. Es dauerte etwa eine Stunde, bis der Chef der damals zuständigen Mordkommission am Tatort erschien. Als einer der Ersten seiner Truppe.

»Hallo, Herr Behrendt«, sagte er sichtlich gehetzt, als er eintraf und wir ihm entgegentraten. »Ich kann Ihnen noch überhaupt nichts sagen, ich weiß ehrlich gesagt noch nicht einmal, wie der Tote heißt.«

Das konnten wir ihm sagen. »Erhan Ö., Erdgeschoss-Wohnung hinten links.«

»Echt?«, fragte der Beamte. »Und hat er Familie?«

»Ja«, sagte Nico. »Eine Frau und zwei Söhne, fünf und sechs Jahre alt.«

»Und wo sind die jetzt?«

»Seit einer Woche mit der Mutter auf Urlaub in der Türkei. Es gab wohl öfter Streit in letzter Zeit.«

»Und warum?«

»Er trank zu viel.«

»Als Türke, ungewöhnlich. Dann müssen wir jetzt mal ermitteln, wo er das getan hat.«

»Hier rechts um die Ecke gibt es eine alte Berliner Bierkneipe. Da ist er abends gern hin und hat sich mit dem Wirt einen genehmigt.«

Der Beamte holte seinen Block heraus. Er schüttelte den Kopf. »Hat der Mann einen Job gehabt?«

»Ja, am Ende der Straße einen Obst- und Gemüsehandel. Er hat einen vergleichbaren in Frankfurt/Oder, Bahnhofstraße.«

»Hat er denn Streit mit anderen Personen gehabt?«

»Mit einem gewissen Herrn Müller, der wohnt hier am Ende der Straße, gegenüber von seinem Obstladen.«

»Und worüber haben die sich gestritten?«

»Um Geld, das man wechselseitig beim Würfeln verloren hat.«

»Wozu bin ich eigentlich hier?«, sagte der Beamte konsterniert. »Jetzt brauche ich bloß noch herauszubekommen, wann der Schuss gefallen ist, und der Fall könnte schon geklärt sein.«

»19.05 Uhr«, sagte Nico. »Frau Meyer aus dem rechten Hinterhaus zweite Etage hat ihn gehört. Wir haben Sie schon angekündigt.«

Der Beamte verließ uns, immer noch den Kopf schüttelnd, und zeigte den Zivilbeamten seinen Dienstausweis. Wenig später kam er zurück und hielt uns den Ausweis des Mordopfers hin. »Hier, können Sie schon mal abfotografieren. Werden wir sicher sowieso veröffentlichen«, zwinkerte er uns zu. Wissend, dass Boulevard-Reporter vor allem immer Fotos brauchen. »Und nun weg hier, Sie haben jetzt Feierabend.«

Das stimmte nicht ganz, wir mussten in die Redaktion und die Geschichte schreiben. Ein Kollege der Konkurrenz kam gerade und schaute etwas verstört, dass wir schon da waren und das Haus bereits wieder verließen. Vor ihm.

»Was war denn los?«

»Keine Ahnung«, sagte Nico. »Die Mordkommission ist drin. Das kann Stunden dauern.«

Wir fuhren in die Redaktion. Wir hatten alles, was wir brauchten. Mein letzter Dienst bei der *B.Z.* ging zu Ende. Und wir hatten es noch mal krachen lassen, wie Nico meinte. Auch später in der Kneipe, mit ein paar netten Polizisten.

Fallen

Reporter können nerven. Durch doofe Fragen. Dadurch, dass sie im Weg stehen, am Tatort wichtige Spuren zerstören oder Zigaretten herumschnippen, von denen die Kriminaltechniker erst einmal ausgehen müssen, dass sie vom Täter stammen könnten. Es gab und gibt auch heute noch Polizeiführer, denen Journalisten ein solcher Dorn im Auge sind, dass sie alles in Bewegung setzen, um deren Vorgehensweise zu beleuchten und ihre Informanten zu enttarnen. Mitte der 90er-Jahre nahm dies Formen an, die wir als besorgniserregend erachteten.

Nach meiner Zeit als Kriegsreporter war ich wieder in Berlin gestrandet, zunächst ohne Job. Doch damals war die Lage auf dem Arbeitsmarkt für Journalisten sehr entspannt. Man konnte kündigen, ohne etwas Neues zu haben – vor allem, wenn man einen Namen in der Stadt hatte. Ich heuerte bei einem lokalen Fernsehsender an und holte Nico von der *B.Z.* nach; er wurde mein Kameramann, und wir waren ausschließlich für Kriminalitätsberichterstattung zuständig. Beim Fernsehen war das besonders hart, weil es immer um Bilder ging. Keine Bilder, kein Beitrag. Wir hatten jeder ein Mobiltelefon, einen Pieper und ein Funkgerät. Man musste schnell sein. Und Schnelligkeit erreichte man durch gute Informationen. Es gab einen Mann, der wegen Körperverletzung im Knast gesessen hatte und danach sein Geld damit verdiente, dass er professionell den Polizeifunk abhörte. Für verschiedene Medien. Alex lebte in seiner Friedrichshainer Wohnung mit einer immens hohen Antenne, an Tagen mit guter Witterung bekam er schon mal den Gesprächsverkehr der Hamburger Polizei in den Äther. Und sobald Alex etwas hörte, das er für wichtig hielt, rief er an. Ob mittags um eins oder nachts um zwei. Ein Jahr habe ich das durchgehalten, mit niemals mehr als drei Stunden Schlaf am Stück und einem sich einschleichenden schlechten Gewissen, wenn ich mal ins Kino ging. Alex war beleidigt, wenn man nicht immer erreichbar war.

Nico und ich wohnten beide in Steglitz, im gleichen Haus, auf der gleichen Etage, Tür an Tür. Nico konnte gut kochen, besonders italienisch, und er hatte für diesen Abend zu sich eingeladen. »Heute mal normal sein, kein Döner auf dem Weg, sondern mal was mit Stil«, hatte er grinsend gesagt und war zum Einkaufen verschwunden. »Und wenn Alex anruft, leg ich ihn um.«

Der Anruf kam, als Nico gerade die Nudeln ins Wasser geben und ich mit seinem Hund auf die Straße gehen wollte. »So eine Scheiße, wenn das lange dauert, dreh ich ab.«

Ich sprach mit Alex, die Sache war sehr ernst. Ein Mann drohte damit, seine Familie zu töten. Alex berichtete, dass das SEK angefordert worden war und rund um das Tathaus im Ostteil der Stadt verschiedene Einheiten der Polizei Stellung bezogen hatten.

»Okay, das Ding geht in Ordnung«, sagte Nico, in die Jacke springend, und schnappte sich die Kamera. Wir hatten vom Sender einen Dienstwagen bekommen, Audi Combi, knapp 160 PS. Ich fuhr, wie meistens, weil ich keine Stadtpläne lesen konnte. Nico hatte die Karte auf dem Schoß, die Taschenlampe in der Hand und hielt telefonisch Kontakt mit Alex.

»Der Mann hat eine Schrotflinte, und er will wohl nicht verhandeln«, gab mir der Kameramann die Infos unseres Informanten weiter. »Gebt Gas«, sagte der immer wieder. »Gebt Gas, das wird ein dickes Ding.« Ich gab Gas und bahnte uns den Weg durch die Innenstadt bis nach Friedrichshain.

Wieder neue Infos. Das SEK sei kurz davor, den Zugriff durchzuführen, MEK-Einheiten würden das ganze Areal sichern, man könne aber in die Zielstraße einfahren. Wir waren nicht mehr weit entfernt, und wir wussten, dass sich auch Polizeireporter anderer Medien auf den Weg machten, weil Alex für viele hörte.

Zwei Querstraßen vor dem Tatort brüllte Nico mir plötzlich zu, rechts ranzufahren und anzuhalten, sofort. Ich tat es und sah ihn verständnislos an. Mein Kollege telefonierte. Im Anschluss erklärte er: »Alex hält das für eine Falle. Die würden über Funk zu viele Infos mitteilen. Von wo das SEK wie reingehen will, mit welchen Waffen etc.«

Gerade diese Einheit sprach aber normalerweise nie über ihr taktisches Verhalten. Weil sie davon ausgehen musste, dass die Täter ebenfalls den Funkverkehr abhören könnten. »Haut da ab«, riet Alex bei seinem nächsten Anruf. Wir waren unweit der Zielstraße, als die Kollegen einer anderen Zeitungsredaktion, die Alex offenbar nicht mehr erreicht hatte, in diese einbogen. Wir fuhren bis zur nächsten Kreuzung und spähten um die Ecke. Dort standen nicht die uns bekannten Autos des SEK, sondern kleinere Zivilfahrzeuge sowie Einsatzwagen der Verkehrspolizei. Die Kollegen vor uns wurden gestoppt, ich gab Gas und fuhr ein Stück ohne Licht bis zur nächsten Hauptstraße und dann wieder mit Licht stadtauswärts. Später erfuhren wir, dass die Polizei eine »Lage« im Funk verbreitet hatte, die es nicht gab. Und das nur aus dem Grund, weil sie erfahren wollte, wann wer am Tatort erscheint. Die Kollegen vor uns wurden kontrolliert, und im Kofferraum ihres Autos wurde dabei zusätzlich ein Funkscanner entdeckt.

Nicht der einzige Versuch. Im gleichen Jahr gab es eine ähnliche Situation. Nico nahm mich eines Abends zur Seite. »Da läuft was. Irgendeine große Erpressung, ähnlich wie bei Dagobert. Morgen soll es am S-Bahnhof Wannsee eine Geldübergabe geben, das Geld soll auch auf irgendeine technische Vorrichtung gelegt werden. SEK, MEK, Bereitschaftspolizei, das ganze Programm. Losgehen soll es um 22 Uhr, da sollten wir hin.«

Am nächsten Tag saßen wir gegen 21.30 Uhr in Nicos Golf GTI, ich fuhr, er hatte die Karte auf den Knien. Wir kamen von der Spinnerbrücke auf den Bahnhof zu. »Das gefällt mir nicht«, sagte ich zu meinem Kollegen.« Im Lauf der Zeit erkennt man die Zivilfahrzeuge der Polizei auch aus großer Entfernung. Und man entwickelt ein Gespür für einen Polizeieinsatz. Die Sache hier stank irgendwie. Ich könnte heute nicht einmal mehr sagen, was uns stutzig gemacht hatte, aber wir waren uns beide einig.

»Täterfahrzeug gesichtet«, hieß es im Funkverkehr. Wir hatten einen kleinen Scanner dabei. Wissen muss man dazu, dass das Hören nicht verboten ist, lediglich das Verbreiten der dadurch gewonnenen Infos ist illegal. Wir befanden uns bereits auf der Avus. »Täterfahrzeug fährt Richtung Freieck Funkturm«, sagte die anonyme Stimme im Äther. »Unsere Richtung, vielleicht haben wir ja doch

Glück«, sagte ich zu Nico und beschleunigte den Wagen. »Fahrzeug besetzt mit zwei Personen, leicht erhöhte Geschwindigkeit.«

»Wollen die die etwa auf der Autobahn stoppen?«, fragte ich Nico ungläubig.

»Find ich auch komisch.«

Noch wenige Hundert Meter bis zum Dreieck Funkturm. »Da vorn ist ein Wagen, da sind, glaub ich, zwei Typen drin«, sagte Nico, und ich hielt darauf zu.

»Täterfahrzeug silberner Golf II. Deutlicher Sichtkontakt«, hieß es im Funk.

»Ist das ein Golf vor uns? Kannst du das sehen?«

Nico lehnte sich in den Sitz und stemmte den rechten Fuß an die Seitenscheibe. »Michi, wir haben einen silbernen Golf.«

Sekunden später wurden wir von zwei Zivilfahrzeugen überholt. Die waren aber so weit vor uns, dass die Abfahrt Richtung Hamburg und Reinickendorf nicht mehr erreichbar für sie war. Wir konnten es noch schaffen. »Nach rechts«, rief Nico, und ich steuerte auf die Abfahrt zu. Es gelang uns, im Stadtgebiet zu verschwinden. Wir reichten am nächsten Morgen Urlaub ein, und ich flog noch am Nachmittag nach Kapstadt zu Freunden. Die Polizei ermittelte den Fahrzeughalter, Nico musste für einen längeren Zeitpunkt ein Fahrtenbuch führen. Wir waren mit einem blauen Auge davongekommen.

Polizeireporter Nahost

Polizeireporter arbeiten für gewöhnlich in der Stadt, in der auch ihre Zeitung erscheint und in der sie leben. Letztlich beschreibt dieser Begriff aber einen gewissen Typus Reporter. Polizeireporter berichten über Kriminalität aller Art, über Terrorismus, innere Sicherheit und Katastrophen, über korrupte Staatsanwälte, von Rockern gekaufte Polizisten und pädophile Politiker. So kann es einen als Polizeireporter auch schnell einmal in ein weit entferntes Land verschlagen, wenn beispielsweise ein Schiff mit deutschen Passagieren sinkt. Oder wenn es einfach ein unangenehmes oder aber gefährliches Thema ist, das es im Ausland zu beleuchten gibt.

Einmal saß ich im Büro eines Nachrichtenmagazins, als die Meldung über den Ticker kam, dass ein marokkanischer Pilot Selbstmord begangen habe, indem er die ihm anvertraute Passagiermaschine samt 100 Fluggästen bei vollem Tempo in der Wüste abstürzen ließ. Ich sprach meinen Chefredakteur darauf an und hörte den Mann aus einer Laune heraus sagen: »Wenn Sie die Familie sprechen können, dann gute Reise.« Ich kann mich nicht mehr erinnern, wie ich an den Namen des Piloten gekommen bin. Aber geschätzte zwei Stunden später wählte ich eine Nummer in

Casablanca. Am anderen Ende der Leitung meldete sich ein arabisch sprechender Mann. Nachdem ich mich auf Englisch vorgestellt und mein Anliegen vorgebracht hatte, entpuppte sich mein Gesprächspartner als Bruder des Piloten. Er hatte in Deutschland studiert und lud mich in fließendem Deutsch ein, mit der Familie zu reden. Und er sagte, dass sein Bruder so etwas niemals tun würde. Am Abend saß ich in Casablanca und tags darauf bei der jungen Frau, die den Piloten vier Wochen später hätte heiraten sollen. Aber sie war verschüchtert und redete kaum. Sie war vielleicht 18 Jahre alt, und ich hatte den Eindruck, dass sie bei der Entscheidung für die Hochzeit nicht gerade eine tragende Rolle gespielt hatte. Die wenigen Antworten, die sie auf unsere Fragen gab, unterstrichen nur ihren Unglauben über den Tod ihres zukünftigen Mannes. Ihr Vater zeigte uns empört das Geschirr und das Besteckset, das er bereits für die Eheleute gekauft hatte. Leider verwehrten uns die marokkanischen Behörden jede Akteneinsicht. Daher ließ sich nie herausfinden, was dazu geführt hatte, dass die Hoffnungen dieser Menschen so jäh zerstört wurden.

Da Polizeireporter in der eigenen Stadt oft in gefährliche Situationen geraten, etwa bei Straßenschlachten oder Recherchen im kriminellen Milieu, werden sie von den Verantwortlichen der Zeitung gern auch im Ausland eingesetzt, wenn es um eine brenzlige Angelegenheit geht. Früher jedenfalls. Diese Zeiten sind vorbei. Heute wird aufs Geld geschaut, auch wenn die Medienkonzerne millionenfache Umsätze machen.

Mitte der 90er-Jahre eskalierte die Lage im Nahen Osten nach einer kurzen Zeit des Friedens erneut. Palästinenser verübten Attacken und Anschläge auf Israelis, und in Israel sorgten radikale Juden für Unruhe, die die besetzten Gebiete nicht verlassen, sondern hier vielmehr weitere Siedlungen bauen wollten. Gerade hatte ein Arzt in einer Moschee mehr als 30 Menschen erschossen. Ich und mein Fotografenkollege bekamen den Auftrag, die Situation zu beleuchten. Genauer definiert war dieser Auftrag nicht. »Macht was draus.«

Ich hatte Freunde in Israel, von daher gab es eine Anlaufstelle. Einer dieser Freunde hatte lange für die Regierung gearbeitet und konnte uns somit vielerorts helfen. Wir konnten in den besetzten Gebieten mit einer Familie sprechen, die den Arzt gut gekannt hatte, der Amok gelaufen war. Und über einen Freund meines Freundes erfuhren wir auch die Geschichte eines 14 Jahre alten Palästinensers, der von den seelischen Brandstiftern der Hamas verführt worden war und sich für die palästinensische Sache in Israel in einer Menschenmenge in die Luft sprengen wollte. Der Vater des Jungen war für Frieden in der Region, ein anständiger und rechtschaffener Mann. Er bekam Wind von den Plänen seines Sohnes und zeigte ihn bei den hoheitlichen Sicherheitsbehörden im Gazastreifen an. Fortan waren Vater und Sohn von den Extremisten im wahrsten Sinne zum Abschuss freigegeben. Auf Plakaten, die überall in Gaza-Stadt aufgehängt wurden, waren die Fotos der beiden abgedruckt, und es war eine Belohnung für diejenigen ausgelobt worden, die die beiden entweder meldeten oder gar selbst töteten.

Über meinen Freund in Tel Aviv bekam ich ein Treffen mit dem Jugendlichen und seinem Vater vermittelt, die an einem geheimen Ort im Gazastreifen versteckt gehalten wurden. Ein Taxifahrer wurde uns zugesichert, der nicht nur fließend Englisch sprach, sondern wahrscheinlich auch den Auftrag hatte, ein Auge auf uns und die Umgebung zu haben.

An einem Mittwochmorgen fuhren wir in Tel Aviv mit unserem Mietwagen los Richtung Eres-Checkpoint, der gewissermaßen die Grenze zwischen Israel und dem Gazastreifen darstellte. Junge Soldaten mit Sturmgewehren saßen rauchend unter Wachtürmen, auf deren Dächern die Flaggen mit dem Davidstern flatterten. Sie leisteten ihren Wehrdienst ab, weil jeder in Israel zur Armee muss, ob Mann oder Frau. Wir zeigten unseren Pass und den Presseausweis, die Taschen wurden durchsucht. »Have fun in Gaza«, hieß es zumeist noch, und dann waren wir drin. Nach ein paar Metern neutraler Zone beginnt das Land der Palästinenser. Von Weitem sah ich einen zerbeulten beigen Wagen, auf dem kein Taxischild zu sehen war, den ich aber anhand des mir zuvor genannten Nummernschildes erkannte. An dem Auto lehnte ein Araber, Mitte 30, hager, volles Haar, breites Lächeln, eine Zigarette in der Hand. »Are you Michael?«, fragte er mich, was ich bejahte. »Okay«, hieß es. »I'm Erdal.« Er freue sich, uns an diesem Tag helfen zu dürfen. Aber wir hätten eine gefährliche Mission vor uns. Wir sollten unbedingt auf ihn hören und genau das tun, was er sage.

Über staubige und holprige Straßen führte die Fahrt in die Stadt am Meer. Damals rauchte ich noch, und ich steckte mir eine nach der anderen an, weil ich angespannt war. Sicherlich, ein großes Abenteuer, im verbeulten Taxi durch den Gazastreifen zu fahren, auf dem Weg zu Menschen, die von Terroristen gejagt werden. Im Film ist das Fiktion, das hier war echt. Und es gab keine Garantie, dass man die Sache heil überstehen würde, nicht entführt oder gar erschossen werden würde. Wir sollten Tage später erfahren, wie schnell eine Situation kippen kann. Wenn einem die Menschen auf dem Marktplatz zunicken und der

Gemüseverkäufer freundlich eine Orange mehr in die Tüte packt und sich plötzlich die Augen verengen und Menschen auf einen losgehen, weil irgendein Paranoider »Idbach al yahud« ruft. »Tötet den Juden«, heißt das auf Arabisch. Wenn dieser Jemand auf dich zeigt, weil er dich für einen Israeli oder jüdischen Amerikaner hält, und du am Abend den Taxifahrer bei der Verabschiedung beinahe erdrücken möchtest, weil er gerade zum richtigen Zeitpunkt vom Zigarettenkauf zurückkam und die Situation klärte, ohne dass sie eskalierte.

Ob wir hungrig wären, fragte uns Erdal, nachdem wir eine Weile gefahren waren. Wir nickten, und er brachte uns zu einer Hähnchenbraterei. Ich hätte damals nicht gedacht, dass es auch so etwas wie normales Leben im Gazastreifen gibt. Das kleine Lokal lag in einer Seitenstraße und gehörte seinem Cousin. Mit Nostalgie hat es nichts zu tun, wenn ich sage, dass dies das beste Hühnchen war, das ich je gegessen habe. »Und sehr mager«, sagte Erdal. »Wird wie wir jeden Tag um den Block gejagt«, sagte er ernst und biss in das knusprige Fleisch. »Was unsere Extremisten tun, ist falsch. Aber auch Israel begeht seine Fehler. Ihr werdet es sehen.«

Nach dem Essen bestellte Erdal Tee für uns alle und zündete sich eine Marlboro an. »Die Sache ist gefährlich, denn die Hamas ist entschlossen, den Vater und seinen Sohn zu töten. Den Jungen, weil er den Anschlag verraten und nicht ausgeführt hat. Den Vater, weil er sich an die Behörden gewandt hat. Die Sicherheitsbehörden schützen die beiden, aber es gibt Verräter in den Reihen der Polizei. Weil sie Verwandte haben, die radikal denken. Oder weil sie Geld brauchen und sich kaufen lassen. Das müsst ihr wissen. Das Versteck der beiden ist zwar geheim, aber ich gehe nicht davon aus, dass das noch lange so bleiben wird. Ihr sprecht mit den beiden, und ich warte vor der Tür. Wenn ich sage, dass wir gehen, dann gehen wir. Dann wird kein Satz zu Ende gesprochen, und es wird auch kein Foto mehr gemacht. Dann gehen wir, alles klar?«

Das war eine Ansage. Erdal wusste, wovon er sprach.

Es war am frühen Abend, als wir das alte Haus in Gaza-Stadt erreichten, das den rechts und links stehenden in puncto Bauweise ähnelte. Erdal fuhr daran vorbei und parkte in einer Seitenstraße etwa 50 Meter entfernt. Wir stiegen aus dem Wagen, mein Fotograf nahm seine Fototasche, ich brauchte nur meinen Block, den ich mit Stiften in einem Brustbeutel trug. Erdal hatte vorher berichtet, dass nur Vater und Sohn in dem Haus sein würden – für einen normalen Taxifahrer war er mehr als gut informiert.

Er klopfte an die Tür, und ein arabischer Mann um die 40 machte uns auf, ein Typ wie der Schauspieler Omar Sharif, nur jünger. Er sah nicht, wie zu erwarten, hektisch nach rechts und links, sondern war ruhig. Entweder hatte er sich mit seinem Schicksal bereits abgefunden, oder er war sicher, dass ihm nichts passieren konnte.

In dem kleinen Wohnzimmer saß sein Sohn auf einem Stuhl an einem Tisch. Er hatte ein hübsches Gesicht, in das die Angst geschrieben stand. Die Haltung des dünnen Jungen war alles andere als aufrecht, seine Schultern eingezogen, als erwarte er jeden Moment einen Schlag ins Genick. »Das ist Mohammad«, sagte der Vater und erzählte seine Geschichte. Die Geschichte der Mutter, die an Krebs gestorben war, der Zeit der Trauer, in der er sich nicht ausreichend um seinen Sohn gekümmert hatte. Er erzählte davon, dass die Extremisten genau diese fehlende Nähe zwischen Vater und Sohn ausgenutzt hätten, um dessen Geist zu vergiften. Von seinem Stolz auf den Sohn, der letztlich doch gebeichtet hatte, dass er sich in die Luft sprengen und so viele Israelis wie möglich mit in den Tod reißen wolle. Etwa eine Stunde sprachen wir mit den beiden, tranken Tee, rauchten Zigaretten, machten Notizen und Fotos. Erst durch das Kreischen von Motoren in der Nähe des Hauses wurde mir bewusst, wie ruhig es die Zeit zuvor gewesen war. Mehrere Autos kamen die Straße entlang gerast, dann war das laute Rutschen zu hören, das entsteht, wenn Reifen auf staubigem und sandigem Boden zum Stehen kommen. Ich hörte laute Stimmen, noch entfernt, aber deutlich war die Hektik zu hören. Die Tür zum Wohnzimmer wurde aufgerissen, und Erdal, der draußen gewartet hatte, kam hereingelaufen. »Raus, jetzt.« Er trieb uns aus dem Zimmer einen Flur entlang zur rückwärtigen Seite des Hauses hin. In einem Schlafzimmer angekommen, schrie er uns an, aus dem Fenster zu springen. Darunter stand sein Wagen, der Motor lief. »Rein, rein«, rief er immer wieder auf Englisch, Sekunden später kuppelte er den ersten Gang ein und raste davon. »Das waren die Extremisten, ich habe doch gesagt, dass die Sache nicht geheim bleiben wird.« Wir hörten Schüsse, doch Erdal hielt nicht an. Mit Vollgas raste er durch die engen Seitenstraßen. Hühner stoben vor dem Wagen in die Luft, ein Hund rannte in letzter Sekunde zur Seite, und ein alter Mann mit weißem Bart und Kopftuch schaute uns teilnahmslos hinterher. »Wir fahren zum Checkpoint, ihr müsst hier raus. Und kommt morgen nicht wieder. Erst einen Tag später«, sagte Erdal und ließ keinen Zweifel daran, dass er anderes nicht akzeptieren würde. Wann er den Wagen hinter dem Haus geparkt und wie er von dem nahenden Angriff erfahren hatte, weiß ich bis heute nicht.

20 Minuten dauerte die Fahrt, bis wir am Eres-Checkpoint

ankamen. Erdal stoppte den Wagen kurz vor den Kontrollen, stieg aus und zündete sich eine Zigarette an. Minutenlang sagte er nichts. Dann drehte er sich zu uns. »Ihr seht, es sind nicht alle so, wie man es uns nachsagt. Auch sehr viele Menschen hier wollen Frieden. Wie der Vater des Jungen.« Und wie du, dachte ich mir und nahm den Mann zum Abschied in den Arm. Zwei Tage später berichtete er uns, dass Vater und Sohn ebenfalls rechtzeitig aus dem Haus hatten entkommen können. Dass die beiden an einem neuen Ort leben würden. Bis der nächste korrupte Polizist auch diesen verriete.

Es war dreist, aber wir fuhren einige Tage später ohne Ankündigung zur Residenz von Yassir Arafat. Das Gebäude lag direkt am Meer, Schlauchboote patrouillierten davor, rund um das Haus standen finster blickende Soldaten mit AK 47 Sturmgewehren aus russischer Produktion. Dennoch war der Zugang leichter als erwartet. Wir stellten uns einem Offizier vor und erbaten ein Interview mit Arafat. Der sei oben in seinem Arbeitszimmer, er werde ihn fragen. Wir konnten es nicht glauben. »Michel«, so nannte mich mein Fotografenkollege immer, »wenn der jetzt runterkommt, ertränke ich dich heute Abend in Caipirinha.«

Wir warteten, eine Stunde lang etwa. Dann kam der Offizier zurück. »Er wird Ihnen kein Interview geben.« Wäre auch zu schön gewesen. Und zu einfach. Dann sprach der Mann weiter. »Wie lange sind Sie noch in der Region?«

»Eine Woche mindestens«, antwortete ich.

»Okay, Sie können ihn bei seinen Terminen begleiten. Keine direkten Fragen. Aber so können Sie sich ein Bild von seiner Arbeit machen. Und Sie dürfen fotografieren.«

Wir konnten es kaum glauben. Eine Woche Arafat live. Das war der Wahnsinn.

»Gleich kommt diplomatischer Besuch aus Amerika, bleiben Sie am besten gleich hier.«

Immer noch fassungslos, begaben wir uns an das Ende des gepflasterten Weges, der vom Eingangstor der Residenz zu der schweren Doppeltür führte. Es war warm, eine kühle Brise kam von der See. Wenig später fuhren mehrere große schwarze Geländewagen mit dem amerikanischen Banner vor, und dann kam der kleine Mann mit der grünen Uniform und dem Palästinensertuch aus dem Haus. Er nickte uns zu, dann begrüßte er seinen Gast. Außer uns war niemand da, es war unglaublich. »Michel, das ist der Hammer«, hörte ich meinen Kollegen sagen, und seine EOS-1-Kamera ratterte.

Wir gingen ein und aus in dem Haus. Yassir Arafat hatte viele Termine in diesen Tagen, und wir kamen ihm sehr nahe. Ich bin Texter, fotografiere aber aus Leidenschaft und nahm deshalb meine Nikon-F3-Kamera mit, weil es solche Chancen wie diese nie wieder geben würde. Zwei Meter stand ich vor dem Mann, als er seinen Bürgern nach einem Moscheebesuch zuwinkte. Das Bild hängt heute noch in meinem Arbeitszimmer. Der Fotograf durfte ihn gar aus nächster Nähe beim Beten fotografieren. »Der hat in die Linse gegrinst und gezwinkert«, konnte mein Freund es kaum glauben. Am Abend bekamen wir von dem Presseoffizier ein Papier in die Hand gedrückt. Auf Arabisch stand dort geschrieben, dass man uns bei unserer Arbeit im Gazastreifen jederzeit behilflich sein wolle. Unterschrift: Yassir Arafat. Dieses Blatt Papier war Gold wert.

Nach fünf Tagen – wir hatten in Tel Aviv übernachtet und waren morgens stets mit unserem eigenen Auto zum Checkpoint gefahren – stand die Verabschiedung von Erdal bevor. Wir kannten die Soldaten, weil wir jeden Tag bei ihnen durch die Sperren gingen. Wir hatten uns zusammen fotografiert. Die Soldaten kannten Erdal und seinen Wagen, weil er uns jeden Tag an die Grenze brachte. An diesem Abend fuhr er uns direkt an die Kontrollstelle heran, weil wir mehr Gepäck dabeihatten als sonst. Ein Soldat, mit dem wir schon geraucht und gescherzt hatten, stoppte den Wagen. Auf Hebräisch bat Erdal den Soldaten, uns auf die andere Seite zu unserem Auto bringen zu dürfen, weil wir dann die Ausrüstung nicht so weit tragen müssten. Der Mann war unfreundlicher als sonst, er herrschte Erdal an, sofort umzudrehen. Erdal versuchte es erneut, freundlich. Er wolle es nicht für sich, sondern für die beiden Journalisten, die er und seine Kameraden doch kennen würden. Wieder ein Nein. »Lass es, Erdal«, bat ich ihn. Doch er startete hinter dem Steuer sitzend einen weiteren Versuch, als der Soldat ausrastete, unserem Fahrer die Mündung seines Gewehres durch die Zähne in den Mund schlug und abdrückte. Es klickte, und er sagte hart: »Das nächste Mal habe ich durchgeladen.«

Ich tat, was man niemals tun sollte, was ich aber tun wollte. Binnen Sekunden war ich aus dem Wagen und ging auf den Soldaten los. Stieß ihn zur Seite und brüllte ihn an. Erdal blutete im Gesicht, andere Soldaten kamen hinzugelaufen, mein Fotograf stellte sich zwischen die israelische Staatsmacht und seinen tobenden Kollegen. Ein Offizier kam hinzu, alle schrien durcheinander, ich verstand kein Wort, aber mir wurde bewusst, dass ich zu weit gegangen war. Wie der Soldat. Durch die klaren Worte des ranghohen Offiziers wurde es ruhiger, die jungen Soldaten wurden weggeschickt, und mein Kollege ließ von mir ab. »Sie sollten nicht auf Soldaten losgehen«, sagte der Offizier zu mir. »So etwas kann hier in der Abenddämmerung schnell schiefgehen.«

Erregt, wie ich war, erzählte ich, was passiert war. Und ich hatte den Eindruck, dass auch ihm nicht gefiel, was er da hörte. Er beugte sich zu Erdal ins Wageninnere und gab ihm ein Taschentuch. »Sagen Sie Auf Wiedersehen, und dann fahren Sie weg«, sagte er an uns alle gerichtet.

Erdal stieg aus, die Hälfte eines Schneidezahns fehlte, seine Lippe blutete stark. »Das meinte ich. Beide Seiten machen Fehler.« Ich drückte ihn an mich. Ich habe ihn nie wiedergesehen.

Unsere Reise war noch nicht beendet. Und in diesen letzten Tagen sollte ich begreifen, wie man in Israel lebt. Woher diese ständige Anspannung der Menschen kommt. Mein jüdischer Freund berichtete mir, dass ein langjähriger Kollege von ihm aus Angst vor Bombenanschlägen keine öffentlichen Verkehrsmittel benutzte. Mehr als 30 Jahre hatte er dies den Erzählungen nach durchgehalten. Dann war sein Wagen in der Inspektion, und dieses eine Mal nahmen er und seine Frau den Bus. Darin saß ein Selbstmordattentäter. Der Mann und seine Frau verbluteten auf einer Hauptverkehrsstraße.

Wir fuhren in die besetzten Gebiete, wollten zu der Familie des jüdischen Siedlers, der in einer Moschee zahlreiche betende Araber und anschließend sich selbst erschossen hatte. Es ist ein ungutes Gefühl, mit einem Leihwagen und israelischen Kennzeichen durch diese Gegenden zu fahren. Mehrfach sahen wir Personengruppen, die, kaum dass sie uns bemerkt hatten, Steine in die Hände nahmen. Erdal hatte uns im Gazastreifen weiße Schilder mit roter Schrift anfertigen lassen, auf denen auf Arabisch »Presse« stand. Wir hatten sie auf die Motorhaube und die Autotüren geklebt. Sie waren es, die fast immer dafür sorgten, dass die Hände mit den Steinen wieder gesenkt und anschließend zum Gruß erhoben wurden. Nicht in allen Fällen, ein paar Steine trafen den Wagen dennoch.

In der jüdischen Siedlung wurden wir herzlich begrüßt. Und ich fragte mich, wie man freiwillig mit seinen Kindern an einem solchen Ort leben kann. Wo man jederzeit damit rechnen muss, dass eine Mörsergranate den Frühstückstisch trifft. Wo man immer im Konvoi mit Begleitern fahren muss, weil jederzeit mit Anschlägen von Palästinensern zu rechnen ist. Wo jedes Blinken am Horizont die Sonnenreflexion im Zielfernrohr eines Scharfschützen sein kann, der einen im Visier hat. Wo man immer bewaffnet ist, wenn man das Haus verlässt, und nicht mit seinen Kindern einen Spaziergang durch die Felder machen kann, weil dort jemand auf der Lauer liegen könnte. »Ich wäre auch wütend, wenn ich Palästinenser wäre«, sagte einer der Siedler mit langem Bart und der Kippa auf dem Hinterkopf zu mir, und ich glaubte ihm. »Aber es ist nun einmal, wie es ist.«

Der Mann namens Moshe kannte den Arzt, der mit einem Sturmgewehr in die Moschee gerannt war und getötet hatte. »Wissen Sie, ich war lange mit ihm befreundet«, sagte er. Am Gürtel trug er eine großkalibrige Pistole, selbst als wir mit Tee in seinem Garten standen. Ich achtete auf ein etwaiges Blinken am Horizont. »Er war Arzt. Ein sehr guter Arzt. Meine Frau hatte Magenkrebs, und er hat sie geheilt. Ich werde ihm und seiner Familie also immer dankbar sein«, erzählte uns Moshe. »Ich könnte versuchen, euch zu erklären, warum wir finden, dass wir im Recht sind mit dem, was wir hier als Siedler tun. Aber dafür reicht die Zeit nicht aus. Ihr sollt wissen, dass wir verachten, was er getan hat. Man tötet keine Menschen, und schon gar nicht beim Beten. Aber ich kann von dieser Tat abgesehen nichts Negatives über den Mann berichten. Ich kannte ihn viele Jahre, er war ein guter

Nachbar und Freund. Er hat meine Frau gerettet und damit mich, weil ich an ihrem Tod zugrunde gegangen wäre. Ich weiß nicht, was ihn zu dieser Tat getrieben hat. Bis auf diese zehn letzten Minuten seines Lebens war er ein guter Mensch. Und ich versuche, ihn so in Erinnerung zu behalten.«

Wir verbrachten fast den ganzen Tag bei dem Siedler und seiner Familie. Es war ein netter Aufenthalt in einer kranken Umgebung. Jeder, der in den Siedlungen lebt, ist sich der allgegenwärtigen Gefahr bewusst, die für ihn selbst besteht. Ich könnte mit meiner Familie nicht so leben. Die Angst würde mich krank machen. Gegen 16 Uhr brachen wir schließlich auf, und Moshe versicherte sich, dass die Presse-Schilder fest genug an den Türen und der Motorhaube klebten. »Fahrt schnell, haltet nicht an, auch wenn ihr von den Arabern dazu aufgefordert werdet. Nicht jeder Unfall, an dem man vorbeikommt, ist real. Shalom.«

Unser ungutes Gefühl war durch die Gespräche mit Moshe noch verstärkt worden. Die Straße war wie fast alle in der Gegend schlecht und staubig. Wir begegneten fast niemandem, von ein paar Eseln und Ziegen abgesehen. In einer lang gezogenen Kurve bat mich mein Kollege, kurz anzuhalten. Er wollte eine Hausruine fotografieren, vor der ein kleiner Junge mit einem aus Draht gebogenen Auto spielte. Weit und breit war niemand zu sehen, wir konnten keine Gefahr erkennen, also stoppten wir. Während ich meinem Kollegen nachsah, wie er über das Feld zu dem Haus ging, rauchte ich eine Zigarette. Ein Auto kam angefahren, ein alter grüner Mercedes, ich erkannte mehrere Gestalten darin und spürte ein Kribbeln im Nacken. Ich wollte meinen Kollegen rufen, aber er war zu weit entfernt, und ich wollte nicht den Eindruck erwecken, als hätte ich Angst. Der Wagen hielt neben mir, und das Kribbeln wurde stärker. In dem Auto saßen vier Araber mit Tarnjacken und Palästinenser-Tüchern. Alle hatten Kalaschnikows in den Händen. Der Mann auf dem Beifahrersitz sprach mich an: »Do you speak Hebrew?«

Ich antwortete ihm, dass ich nicht Hebräisch sprechen würde. Dass ich Journalist aus Deutschland sei. Ich zeigte auf das Schild an der Autotür. »Okay.« Der Mann nickte, dann fuhr der Wagen die lang gezogene Kurve entlang und verschwand hinter einem Hügel, über dem tief die Sonne stand. Mein Kollege kam gerade zurück, und ich trieb ihn zur Eile an. »Wer waren die Leute im Auto?«, wollte er wissen.

»Keine Ahnung, aber wir sollten hier schnellstens verschwinden.«

Er stieg ein: »Gib Gas.«

Ich fuhr schnell. Schneller, als es auf diesen Straßen gut war, denn sie führten jetzt in hügeliges Gebiet mit unübersichtlichen Kurven. Ich wollte raus hier, so schnell wie möglich zurück nach Tel Aviv. In die Wohnung meines Freundes Jossi und zu seiner Bar im Wohnzimmer, in der die alten Whiskys standen.

»Da vorn«, sagte mein Kollege plötzlich, und wir sahen beide den grünen Mercedes, der auffällig langsam fuhr. Ich wollte überholen, aber ich kam nicht an dem Auto vorbei, denn auf der Gegenfahrbahn waren einige Lkws unterwegs. Ich schaute in den Rückspiegel, und das Kribbeln im Nacken wurde unerträglich – von hinten kam ein weißer Mercedes, besetzt mit drei Arabern. Der grüne Wagen wurde langsamer, der weiße schneller, wir waren eingekeilt.

»Scheiße Mann, hau ab«, sagte mein Kollege, aber ich konnte nicht überholen, weil uns ständig andere Fahrzeuge entgegenkamen. Mittlerweile betrug der Abstand zu den Mercedes vor und hinter uns weniger als zwei Meter. Dann scherte der hintere plötzlich aus, beschleunigte stark und zog links an uns vorbei. Als er knapp auf unserer Höhe war, trat ich voll auf die Bremse. Wir zogen die Köpfe ein und sahen, wie die beiden Wagen nun in hohem Tempo die Straße dahinrasten.

»Was war das denn?«, fragte der Fotograf.

Ich schüttelte ebenso verstört den Kopf. »Lass uns einfach ganz schnell hier abhauen.«

Nach etwa 90 Minuten erreichten wir Tel Aviv und betraten die Wohnung meines Freundes.

»Na, Jungs, ihr müsst durstig sein nach der Fahrt durch die Wüste«, sagte Jossi herzlich und schenkte die schweren Kristallgläser halbvoll mit Chivas Regal. Wir erzählten ihm von den Ereignissen der letzten zwei Stunden, und ich muss sagen, dass ich selten eine solche Standpauke bekommen habe.

»Seid ihr irre? Ihr habt unterwegs angehalten? Euch mit Arabern unterhalten? Euch in die Zange nehmen lassen? Seid ihr wahnsinnig? So bringen die uns um!«

Jossi war außer sich. Mein Vater hatte ihn vor Jahren dienstlich in Israel kennengelernt und war seitdem so etwas wie sein symbolischer Sohn, ich sein symbolischer Enkel, weil er keine eigenen Kinder hatte. »Den Arsch müsste man euch versohlen«, tobte der 71-jährige.

Seine Frau Madeleine saß in der Ecke und rauchte wie üblich Kette. Sie beherrschte acht Sprachen, war gebürtige Rumänin, früher ranghohe Offizierin der israelischen Armee und mischte sich nun leise und ruhig in das Gespräch ein.

»Michael, lass mich telefonieren.« Sie nahm das Telefon ab und redete knapp zwei Minuten auf Hebräisch. Dann nahm sie den Hörer vom Ohr und sah mich an. »Hast du folgendes Kennzeichen?«

Sie nannte mir die Kombination. Ich musste nachschauen,

denn ich hatte das Kennzeichen des Leihwagens nicht im Kopf. Aber es stimmte mit dem überein, das Madeleine mir genannt hatte. Sie bedankte sich bei ihrem Gesprächspartner und legte auf.

»Michael, ich spreche mit Jossi in unserer Sprache, dann ist es leichter für mich zu erklären.«

Die beiden sprachen hebräisch miteinander, dann lachte Jossi laut auf.

»Ihr habt Glück gehabt. Und seid Zeuge geworden, wie wir hier leben.«

Ich verstand nicht.

»Waren unsere.«

Ich sah ihn immer noch verständnislos an.

»Arabische Juden. Inlandsgeheimdienst. Heute gab es in dem Gebiet, wo ihr euch herumgetrieben habt, drei Sprengfallenanschläge auf Israelis, auf die geschossen wurde, als sie aus ihren Autos flüchteten. Die haben euch durchgebracht, weil sie euer israelisches Kennzeichen gesehen haben.«

Ich fragte nicht weiter. Ein kleines Land mit eigenen Regeln, die schwer verständlich sind für Menschen, die nicht dort lebten.

Am letzten Tag vor unserer Abreise fuhren wir mit Jossi durch das Land. Diesmal waren Waffen im Auto, aber er war entspannt. Für ihn waren diese Lebensumstände Alltag. Jossi war Berliner und Sohn einer wohlhabenden Familie, damals, als die Nazis beschlossen, alles jüdische Leben zu vernichten. Er flüchtete mit einem Zug vom Anhalter Bahnhof, wie er mir mal erzählte. 17 Jahre war er damals alt. Wurde Fallschirmjäger bei den Briten, später Panzersoldat in Israel. Seine Schwester, sein Vater und seine Mutter starben in den Gaskammern von Auschwitz.

Wir hatten am Vorabend über die Golanhöhen gesprochen und darüber, dass es Menschen in Deutschland gab, die nicht verstehen wollten, warum die Israelis diese nicht aufgeben wollten. »Ich werde es euch zeigen.«

Nach einer Fahrt durch die Wüste und vielen Erzählungen aus den Pioniertagen Israels stand ich schließlich mit meinem Fotografenkollegen und Jossi auf einem Berg. »Sieh einmal, das alles ist Feindesland. Wer gewinnt hier?«

»Der den Berg hat«, konnte ich nur antworten, weil es offensichtlich war.

»Siehst du. Und deswegen werden wir die Golanhöhen niemals abgeben. Rabin denkt darüber nach, und damit schürt er den Hass im eigenen Land. Ich habe Angst um unseren Staatsmann. Ich bin sicher, dass er das Jahr nicht überleben wird. Und ich bin sicher, dass der Mörder kein Araber sein wird.«

Wenige Monate später besuchte ich meine Eltern im Norden Deutschlands. Meine Mutter hatte gekocht, wir saßen anschließend mit einem Glas Wein am Kamin, als die Nachrichten im Fernsehen kamen. Die Top-Meldung war, dass Rabin ermordet worden war. Von einem Israeli.

Als Jossi vor wenigen Jahren im Alter von 84 starb, habe ich drei Tage lang geweint. Kurz darauf kam ein Paket bei uns zu Hause an. Madeleine hatte Jossis Namen in die Schließe seiner Armbanduhr gravieren lassen und mir die Uhr geschickt. Jedes Mal, wenn ich auf das Zifferblatt schaue, erinnere ich mich an diese Tage, an die vielen guten Gespräche. Und an andere Sichtweisen. Sie sind es, die einen Menschen prägen. Es sind die Informationen, die eine Story gut machen, und dafür braucht man gute Informanten. Die besten Informanten sind Freunde, weil sie einem nicht schaden wollen. Ich vermisse den Kerl. Kriege einen Kloß im Hals, wenn ich mich daran erinnere, wie er meinen zweiten Sohn küsste, als der ein paar Monate alt war. Seinen Urenkel.

Wahre Helden

Wenn man mich nach meinen mittlerweile 27 Berufsjahren fragen würde, wer meine drei Lieblingspolizisten sind, so wäre Axel einer davon. Ich weiß, dass ihm diese Zeilen nicht gefallen werden, weil er bescheiden ist. Aber er ist für mich einer dieser stillen Helden, die mehr für die Gesellschaft tun als all die politischen Schwätzer in ihren Sitzungen. Und ich bin froh, so jemanden wie ihn zu kennen.

Axel ist älter als ich, obwohl er immer darauf besteht, mehr Haare zu haben, was stimmt. Er war ein normaler Polizist mit dem festen Ziel vor Augen, zum SEK zu gehen, jenen Irren, die kommen, wenn alle anderen aufgeben – doch das mit Verstand und Intellekt, mit Härte und Rechtsstaatlichkeit. Er machte seinen Weg, wurde SEK-Beamter, später Team-Führer und am Ende sogar Chef des Berliner Spezialeinsatzkommandos. Er könnte die Schwinge mit dem Berliner Bären auf seiner Uniform tragen, tut es aber nicht. Aus Bescheidenheit. Heute, nach der Zeit bei den Verrückten, ist er Chef der Polizeihundeführer und deren vierbeinigen Kollegen.

Als wir uns während seiner Zeit bei der Elite-Einheit kennenlernten, kannte ich die im Folgenden erzählten Einzelheiten eines der spektakulärsten Polizeieinsätze in der

Geschichte Berlins noch nicht, bei dem Axel eine tragende Rolle gespielt hatte. Ich erfuhr die Details später während eines Interviews. Axel und ich waren damals beide am Tatort, ohne uns jedoch zu kennen. Er unten, ich oben, als einer von zahlreichen Reportern, die berichteten.

Es war schlimm. Ein Araber hatte sich im U-Bahnhof Kottbusser Tor wahllos ein Opfer gesucht und einer jungen Mutter ihren vierjährigen Sohn entrissen. Der Mann mit der muslimischen Gebetskappe auf dem Kopf hielt dem kleinen Kerl ein langes Messer an den Hals. Im Bahnhof herrschte in den ersten Minuten totales Chaos. Ein Passant schoss ein Foto von der Szene und verkaufte es einer Boulevardzeitung; am nächsten Tag hatte das Drama zwei Gesichter – Täter und Kind.

Axel hatte an dem Tag Dienst, als die Elite-Einheit alarmiert wurde. Jeder, der zum Kommando gehörte, kam. Niemand kümmerte sich um freie Tage, um Urlaub. Es galt, ein Kind zu retten, der Rest war unerheblich. Ich hielt mich im Bereich des U-Bahnhofs auf und versuchte, Informationen zu bekommen. Doch es herrschte Nachrichtensperre, weil die Sache lange noch nicht durch war, weil Axel unten versuchte, das Kind zu retten.

Der Hüne und ehemalige Footballspieler war einer der Ersten, der damals den Ort erreichte. Alles war bereits abgesperrt, Passanten und Fahrgäste längst im Freien. Nur der Mann mit dem Kind auf dem Schoß war zu sehen und das riesige Messer an der Kehle des Jungen. Der Polizist trug keine Schussweste und auch keine Maske, denn da die Öffentlichkeit nicht dabei war, brauchte er keinen Identitätsschutz. Der Täter nahm Axel als Verhandler wahr, nicht als Elite-Polizisten. Während ich oben mit Pressesprechern redete und der Redaktion Informationen durchtelefonierte, verhandelte unten Axel mit dem Täter: einem verwirrten Mann, der die Freilassung von Extremisten forderte und ein Visum für Libyen. Axel sah den kleinen Jungen an und wunderte sich, dass dieser so ruhig war. Eine Verhandlerin stand neben ihm, und Präzisionsschütze »Detta« hatte den Mann mit seiner Maschinenpistole MP 5 ungesehen von einem Kiosk und aus einer Entfernung von sieben Metern heraus im Visier. Der Mann zielte auf das Kleinhirn, das Krümmen seines Fingers hätte den sofortigen Tod des Täters zur Folge gehabt. Aber der Junge hätte durch die Knochensplitter verletzt werden können. Detta war die letzte Option, und Axel redete auf den Täter ein. Der verlangte nun libysche Papiere, die die SEK-Kollegen in Absprache mit der libyschen Botschaft fälschten. Und er wollte Geld, worauf die SEK-Jungs zusammenlegten. Und immer wieder drohte er, »das Pferd zu schlachten«, wenn die Extremisten nicht aus den Gefängnissen entlassen würden. Mit dem Pferd meinte er den kleinen Jungen, der ein kleines Plastikpferd in der Hand hielt und sich nicht bewegte – stundenlang, auf dem Schoß des Mannes, der ihm ein Messer an die Kehle hielt.

Ein Wecker stand vor den beiden, und wenn die Zeit abgelaufen sei, wollte er das Kind töten. Axel verhandelte, und Präzisionsschütze Detta hatte den Geiselnehmer im Visier. »Du kriegst keine Chance, keine Chance«, erzählte Detta später, was in seinem Kopf vorging. Dann rasselte der Wecker, und der Präzisionsschütze spannte sich. Eine verdächtige Bewegung, und Detta würde dem Mann in den Kopf schießen. Axel und die Verhandlerin sprachen über das Rasseln hinweg auf den Geiselnehmer ein. Der Mann hatte seine Drohung bisher nicht wahrgemacht, doch es gab keine Garantie dafür, dass sich das nicht noch ändern konnte. Und Axel wusste, dass der kleine Junge nach vielen Stunden des Stillsitzens in der Kälte nicht mehr lange würde durchhalten können. Der Tod des Täters war innerhalb der Sicherheitsbehörden bereits durchgesprochen worden, und ob der voranschreitenden Zeit machte sich bei allen Beteiligten die Befürchtung breit, dass es dazu kommen würde. Von den genauen Geschehnissen unten im U-Bahnhof drang jedoch zu diesem Zeitpunkt nichts zu uns nach oben.

Axel merkte, dass der Kleine unruhig wurde. Dann nahm der Geiselnehmer plötzlich die Hand vom Griff des großen Messers, um sich zu kratzen, und drückte die Klinge nur noch dadurch an den Hals des Jungen, dass er die Messerspitze mit der anderen Hand hielt. Axel nutzte diesen Sekundenbruchteil und trat dem Mann gegen den Kopf. Sekunden später wurde er selbst von zahlreichen SEK-Kollegen durch die Luft geschleudert, die sich auf den Täter stürzten. Aus den Augenwinkeln sah er das völlig zermalmte Spielzeugpferd, und er sagte mir später, dass er in diesem Moment große Angst hatte, dem Jungen könnte doch noch etwas passiert sein. Dann erblickte er seinen Kumpel Claudio, der, das Kind auf seinen Armen in Sicherheit brachte und ihm noch zurief: »Alles klar«. Da schloss Axel die Augen und blies vor Erleichterung die Backen auf.

Es gab hinterher Diskussionen über diesen Einsatz. Warum niemand geschossen habe. Warum es so lange gedauert hatte. Wieso Axel sich so lange Zeit ließ. Letztlich hatte er beide gerettet. Das Kind und den Täter. Auch wenn dieser sich später im Gefängnis das Leben nahm.

Ich habe meinen Söhnen, die mich immer nach Geschichten von meiner Arbeit löchern, von diesem Einsatz erzählt. Und von Axel. Eines Tages lernten sie ihn kennen.

Abends beim Gutenachtkuss sagte mein Ältester im Alter von neun Jahren: »Papi, ich habe mir einen Helden ganz anders vorgestellt.« Und auf die Frage, wie denn, sagte er: »Stimmt schon, Papi. Helden müssen gar nicht auffallen. So ist es viel besser.«

Harter Einsatz

Deutschland machte Ernst. Oder besser – in Deutschland wurde es ernst. Die Fußball-WM im eigenen Land stand kurz bevor, und im Internet verbreiteten Hooligans, dass sie Deutschland auseinandernehmen wollten. Dass es ihnen um die dritte Halbzeit ging, wie man das in diesen Kreisen nennt, die Zeit nach dem Spiel. Wenn die Abdreher den Kampf mit dem Gegner suchen, dem Fan des rivalisierenden Clubs und der Polizei. Dafür erbeuten die Schläger bei Auseinandersetzungen behördliches Pfefferspray und reiben sich damit sukzessive die Augen ein, damit sie weniger anfällig sind, wenn die Polizei sie damit »einjaucht«, wie es wiederum im Polizeijargon heißt.

Gerade hatten in Berlin Hooligans Angehörige einer Polizeihundertschaft in Unterzahl angegriffen und zusammengeschlagen. Wenige Wochen später war eine Fete von Fußballfans in einem Lokal an der Frankfurter Allee im Ostteil der Stadt geplant. Es wurde mit vielen Gästen gerechnet, harten Fans aus ganz Europa. Und die Polizei wollte zeigen, dass sie sich solcher Phänomene erwehren kann. Ich bekam einen Tipp im Vorfeld und war mit einem Kollegen vor Ort. Gegen 23 Uhr sollte der Zugriff erfolgen. Mehr als 200 SEK-Beamte – ein Wahnsinns-Aufgebot – sollten den Laden stürmen und zeigen, dass sich die Staatsmacht nicht von Hooligans vorführen ließ.

Es war nicht kalt an diesem Tag, und ich saß mit meinem Kollegen in einem türkischen Bistro unweit der Diskothek, die wenig später zum Schauplatz eines im Nachhinein höchst umstrittenen Polizeieinsatzes werden sollte. Es regnete, Hooligans mit tätowierten Waden und Unterarmen, in Shorts und Fred-Perry-Shirts strömten zum Eingang, um an der Party teilzunehmen. »Wenn ihr wüsstet, was euch gleich blüht«, dachte ich bei mir. Ich rief einen Polizisten an und fragte, wann es denn nun losgehen würde.

»Sind auf dem Weg, es fahren gleich zwei Busse vor.«

Ich stand auf und informierte meinen Kollegen. Dann sah ich die beiden Fahrzeuge der BVG. Für die vor der Tür stehenden Gäste und auch für den Türsteher handelte es sich dem Anschein nach um normale Linienbusse. Sie stoppten direkt vor dem Haupteingang, dann öffneten sich die Türen, und 200 SEK-Männer aus Brandenburg, Niedersachsen und Berlin stürmten den Club. Es schepperte überall, Männer schrien, Frauen kreischten, Polizisten brüllten Befehle. Dann irgendwann war Ruhe.

Der Einsatzleiter kam, und ich erbat Einlass. Er verwehrte ihn. Der Clubinhaber allerdings hatte das Hausrecht, und er erlaubte mir und meinem Kollegen, das Lokal zu betreten. Es war ruhig auf den Fluren und in den Räumen. Tische waren zum Teil umgekippt, ebenso Stühle. Zerbrochene Gläser lagen auf dem Boden, es roch nach verschüttetem Bier und Whisky-Cola. Überall standen vermummte Polizisten herum, und tätowierte Männer lagen gefesselt am Boden oder saßen in Reihe an der Wand. Einige machten ihrem Unmut Luft, andere hatten sich ihrem Schicksal ergeben. Sanitäter versorgten Platzwunden, es sah aus, als sei das Blut literweise ausgekippt worden. Nach und nach wurden die Hooligans ins Freie geführt, Personalien aufgenommen, Verdächtige befragt. Ein verletzter Mann mit Glatze saß auf einem Stuhl, Blut lief von seinem Kopf auf sein Shirt, und ein SEK-Beamter betupfte die Wunde. Es war ein harter Einsatz gewesen, aber ich verstand immer noch nicht ganz, worum es gegangen war. Die Staatsmacht lässt ein Lokal stürmen, aber mit welchem Ziel? Es wurde nicht nach Waffen gesucht. Es ging dem Anschein nach auch nicht darum, einen bestimmten Straftäter zu fassen. Ich hatte den Eindruck, dass die Elite-Polizisten schlicht benutzt wurden, um mit den Säbeln zu rasseln. Andererseits sind diese gewaltbereiten Hooligans eine Gefahr für Leib und Leben normaler Fußballbegeisterter und Polizisten. In Anbetracht der Tatsache, dass die WM vor der Tür stand und niemand Szenen wie in Frankreich haben wollte, wo ein Polizist beinahe zu Tode geprügelt wurde, wo Autos brannten und sich ganze Straßenzüge in Qualm und Tränengas verdunkelten, beschloss ich, den Einsatz richtig zu finden. Als klares Signal an die Szene: Das machen wir jeden Tag mit euch, wenn ihr euch nicht benehmt. Ich schrieb einen entsprechenden Kommentar, das Foto von dem blutenden Glatzkopf und dem SEK-Mann, das mein Kollege geschossen hatte, verkaufte unsere Zeitung an andere Medien. Es wurde zum Symbol dieses Einsatzes. Wir waren die Einzigen gewesen, die den Tipp bekommen hatten und so dokumentieren konnten.

Schnell gab es aber Kritik am Vorgehen der Polizei. Unverhältnismäßig sei der Einsatz gewesen, zu brutal, überzogen. Die Polizei argumentierte dagegen, die Hooligans hätten massiven Widerstand geleistet, und schließlich habe man es mit den schlimmsten Fußballfans Europas zu tun gehabt. Wir fanden heraus, dass es keinen Widerstand gegeben hatte. Dass dies auch gar nicht möglich gewesen war, denn eine solche Übermacht von Elite-Polizisten lässt keinen Widerstand zu. In einer Pressekonferenz berichtete der Polizeipräsident schließlich die erste Darstellung und gab – es müssen intern viele Gespräche geführt worden sein – bekannt, dass es keinen massiven Widerstand gegeben hatte. Und dass der Einsatz ausgewertet werde. In der Folge wurde für die SEK-Beamten, die ob ihres gefährlichen Berufs einen Identitätsschutz in Form einer Sturmhaube haben und die Einsatzberichte mit einer Nummer unterzeichnen statt mit dem echten Namen, eine Erkennung eingeführt. An den Masken und den Helmen sind nun Nummern angebracht, damit der Beamte identifiziert werden kann, wenn er zu weit gehen sollte.

Bei diesem Einsatz die Schuld beim SEK zu suchen scheint mir allerdings fraglich. Ich erfuhr Wochen später aus SEK-Kreisen, dass in Vorbesprechungen gesagt worden war, dass man es mit den gefährlichsten Fußballfans aus ganz Europa zu tun haben werde, dass man mit Verlusten rechnen müsse, mit Verletzungen am eigenen Leib und bei den Teampartnern. Die Männer haben ihren Job gemacht, und einige sagten später beim Bier, dass sie sich ausgenutzt fühlten.

Immer wieder gibt es Berichte über schiefgelaufene Einsätze. »SEK stürmt falsche Wohnung«, hieß es beispielsweise einmal. In einem anderen Blatt war das Foto eines schwer bewaffneten und maskierten Beamten zu sehen, daneben stand geschrieben: »Möchten Sie von diesem Mann geweckt werden?«

Was war passiert? Ein Zeuge hatte die Polizei alarmiert, weil er meinte, Schüsse gehört zu haben. Die seien von einem Balkon eines Mehrfamilienhauses im Ostteil der Stadt abgefeuert worden. Die Polizei kam, und tatsächlich sahen die beiden Beamten der Streifenwagenbesatzung ein Aufblitzen hinter der Brüstung des Balkons. Der Schütze selbst war nicht zu erkennen, es war dunkel. Sobald Schusswaffen im Spiel sind, wird das SEK gerufen, weil diese Leute für solche Einsätze ausgebildet sind, schussfeste Eisenschilde haben und ballistische Helme mit schussfesten Visieren. Die Elite-Polizisten kamen also, und die zuerst eingetroffenen Kollegen zeigten ihnen die Wohnung, die dem Schützen zugeordnet wurde. So läuft der Job, denn genau genommen sind diese Polizisten Dienstleister. Der Chef des Drogendezernats ordnet einen Zugriff an, die Jungs gehen rein, überwältigen den oder die Täter und fahren wieder ab. So war es auch in dieser Nacht. Nur dass das SEK keinen Schützen antraf, nachdem sie die Tür »eingehackt« hatten, sondern einen Rentner in Trainingshose und weißem Unterhemd, der vor dem Fernseher eingeschlafen war. Er hatte nicht geschossen, er hätte nicht einmal eine Waffe gehabt. Später stellte sich heraus, dass zwei Jugendliche einige Balkone darüber kleine Silvesterknaller angezündet und fallen gelassen hatten. Wegen der kurzen Zündschnur explodierten diese »Piepmanschen« genau auf der Höhe des Balkons des später überwältigten Rentners. Dass der Mann keinen Herzinfarkt bekam, als das Team bei ihm einrückte, ist ein Wunder.

Es sind genau diese Hintergrundformationen, die die Polizeiführung in Berlin den Journalisten früher nicht gegönnt hat. Nun gibt es einen neuen Mann an der Spitze, der die Arbeit seiner Leute transparenter handhabt. Aber vor einigen Jahren noch achtete die Polizeiführung genau darauf, was an die Presse dringt und wer da nachgeholfen haben könnte.

Drei Nächte lang begleiteten ich und mein Fotografenkollege und Freund Sergej einmal einen Polizisten in einer der schlimmsten Ecken Berlins: Abschnitt Pankstraße. Dort herrscht Theater, jeden Tag. Araber-Banden kämpfen gegen Türken-Banden, Dealer in den U-Bahnen, pöbelnde Junkies auf den Treppen zu den Bahnsteigen. Hintergrund der Reportage war das Phänomen »Gefangenenbefreiung«, also der Versuch von Angehörigen zumeist türkischer und arabischer Straftäter, diese nach der Festnahme durch die Polizei »zu retten«. Wie andernorts beschrieben, können da schon mal schnell 30, 40 Männer zusammenkommen. Und nicht selten klappt es. Die Polizeiführung reagiert immer sehr säuerlich, wenn Polizisten hinter vorgehaltener Hand oder bei den Gewerkschaften von rechtsfreien Räumen sprechen, in die sich eine Streifenwagenbesatzung allein nicht hineintraut. Aber es gibt diese Gebiete. Es gibt sie, weil das Personal bei der Polizei in der Hauptstadt zusammengespart wurde und ganz einfach zu wenige Beamte auf den Straßen unterwegs sind. Mal ehrlich, würden Sie als Polizist zu zweit versuchen, eine Schlägerei zwischen 80 Arabern zu schlichten? Das wäre dumm. Und die Schlägerei verhindern würde es auch nicht. Also wartet man. Und geht zur Gewerkschaft oder wendet sich an die Presse.

Es war der berühmte Vorführeffekt, denn eine Gefangenenbefreiung gab es in diesen drei Nächten nicht. Dafür erhielten wir einen Einblick in die alltägliche Arbeit der Polizei. Ich will hier jetzt keinen Heldengesang auf die Ordnungshüter anstimmen, aber es ist schon verstörend anzusehen, was die Männer und Frauen da jede Nacht machen. Sie sind in Unterzahl, um sie herum nur aufgebrachte Mengen. Ständig rotzt einem einer vor die Füße und schwört, dich zu töten. Als Polizistin ist es besonders unangenehm in diesen Gebieten, in denen sich Männer nur höchst ungern etwas von einer Frau sagen lassen und Polizistinnen schon mal ein »Fotze« oder »Hure« zu hören bekommen. In diesen drei Tagen trug selbst der Pressesprecher der Polizei, der uns begleitete, eine kugelsichere Weste, Handschellen und Pistole.

Der Beamte, auf dem der Fokus der Geschichte lag, war klasse. Groß, nett, gebildet. Er hatte im Ausland hospitiert, sprach mehrere Sprachen, war Kickboxer und verschlang Bücher. Sergej und ich waren dabei, als er mit einem Kollegen einen Streit zwischen zwei Großfamilien schlichtete, als er Dealer in der U-Bahn stellte und überwältigte, die Messer bei sich hatten, als er einen Unfall aufnahm und anschließend die Scherben von der Kreuzung fegte, ein ausgebüxtes Kind zu seinen Eltern brachte und in eine Wohnung eindrang, in der ein toter Messi liegen sollte. Den Geruch in dieser Wohnung werde ich niemals vergessen, auch nicht die im wahrsten Sinne des Wortes meterhohen Müllberge, in denen der Beamte nach der Leiche suchte.

Die Männer vom SEK haben einen harten und sehr gefährlichen Beruf, aber wenn man ehrlich ist, wissen sie fast immer, was auf sie zukommt. Wenn sich der Geiselnehmer in der Bank verschanzt hat, kommt der Anruf. Oder es wird am Tag vor einem Einsatz besprochen, dass es gegen Rocker geht oder dass ein führendes Mitglied der Mafia gestellt werden soll. Die Männer und Frauen aus den Streifenwagen wissen nicht, was sie erwartet. Sie werden zu einer »häuslichen Gewalt« gerufen, weil Nachbarn mit anhören, wie eine Frau von ihrem Mann verprügelt wird, und wenn sie an die Tür klopfen, schauen sie womöglich in die Mündung einer Schrotflinte.

Der Polizist aus der Pankstraße ist diesem Risiko jeden Tag ausgesetzt. Aber er hält seinen Job für wichtig, deswegen betreibt er ihn ernsthaft – und konsequent. Im Pausenraum, wo die Beamten an alten Tischen und auf zu Hause ausrangierten Sofas bei einer halben Stunde Fernsehen ihre Stullen oder den Eintopf von Muttern aus der Tupper-Dose essen, erzählte er uns von dem Tag, »an dem er einfach um sein Leben kämpfte«. Er und ein Kollege in Zivil wollten Dealer im Bahnhof stellen, als diese sich formierten, ihre Gürtel aus den Hosen zogen, das Leder um die Fäuste wickelten und mit den schweren Schnallen auf die beiden Polizisten losgingen, Steine aus dem Gleisbett holten und auf die Familienväter schleuderten. Er erzählte, wie er – ausgebildeter Vollkontakt-Kickboxer – gegen mehrere Männer kämpfte und seinen Kollegen aus den Augen verlor, wie er um dessen Leben fürchtete, während er selbst Schläge austeilte und einsteckte. Und wie er verletzt zurückblieb, als die Dealer schließlich wegrannten, und von dem Gefühl der Rührung, als er seinen Kollegen fand, ebenfalls verletzt, aber am Leben.

Sergej hatte viele beeindruckende Fotos in diesen drei Nächten gemacht, und ich schrieb die Geschichte des Mannes auf. Ich bekam viel Zuspruch aus Polizeikreisen, der Vorgesetzte des Beamten bedankte sich. Und auch viele Leser wandten sich an uns, dankten für diesen Einblick. Manche wollten gar wissen, wo die Jungs genau Dienst schieben, um ihnen mal einen Kuchen zu bringen. Den dürften die Polizisten allerdings nicht annehmen, weil es ein »geldwerter Vorteil« wäre. Deutschland spinnt.

Wäre ich Polizeipräsident gewesen und hätte gelesen, was meine Leute da nachts durchzustehen haben, ich wäre selbst mit Kuchen zu der Wache gefahren und hätte sie eine Nacht lang begleitet. Die damalige Polizeiführung jedoch reagierte anders. Wie man mir erzählte, musste der unmittelbare Vorgesetzte alle Einsatzberichte aus der Vergangenheit des Beamten heraussuchen, die in meinem Artikel erwähnt wurden. Und habe der Polizist auch nur einmal übertrieben, würde er disziplinarischen Ärger bekommen. Berlin ist arm, aber sexy. Und hat einen Maulkorb um.

Richtiger Riecher

Es gibt Erlebnisse, die man eigentlich längst vergessen hatte, die aber in einer ähnlichen Situation oder Stimmung wieder hochkommen. Verrückte Sachen, traurige Sachen. Wenn man diesen Part des Journalistenberufes lange betreibt, dann entwickelt man irgendwann ein Gefühl für bestimmte Situationen und Ereignisse. Der Vorteil an meinem Beruf und all dem Schlechten, das ich täglich beschreiben und erleben muss, ist der Umstand, dass ich ein anderes Gefühl für Gefahr habe. Der Nachteil ist, dass ich ständig Horrorbilder vor Augen habe. Kürzlich fuhr ich mit meinem besten Freund und Kollegen Dirk durch Baden-Württemberg. Ein Fachwerkhaus stand auf einer Wiese, daneben schlängelte sich ein kleiner Bach. »Traumhaft schön, oder?«, sagte er. Ich dagegen hatte eine im Bach treibende Kinderleiche vor Augen. Es ist ein morbides Leben. Erfreuen sich andere an einem schönen Spielplatz mit einem hohen Klettergerüst, analysiere ich die Gefahren, die von dem Gerät ausgehen. Bin ich mit meinen Kindern auf dem Spielplatz und sehe einen Mann, der dem Anschein nach allein dort unterwegs ist, spannt sich mein Körper, und meine Augen verengen sich. »Warte doch erst mal ab, vielleicht ist sein Kind gerade auf der Rutsche«, sagt meine Frau dann und nimmt meine Hand.

Manche Bilder lassen sich einfach nicht vertreiben. Anfang der 90er-Jahre war ein Kind in einem kleinen brandenburgischen Ort verschwunden. Ich fuhr zusammen mit einem Fotografen zu der Anschrift der Eltern. Die Mutter war jung, 21 Jahre vielleicht. Sie hatte keinen Job, und der leibliche Vater des Kindes hatte sie verlassen – oder sie ihn. Die junge Frau saß in ihrer sauberen, aber spärlich und ärmlich eingerichteten Wohnung auf einem Stuhl. Vor sich hatte sie das Bild ihrer kleinen Tochter. Ein zerknülltes Taschentuch in der Hand haltend, weinte sie laut, schluchzte immer wieder auf, ihr Körper bebte. »Wo ist sie nur? Wo ist mein Baby nur? Wo ist sie?« Dann brach die Stimme ab, und nichts war mehr zu hören als das Weinen der jungen Mutter.

Kurz darauf kam ihr neuer Lebensgefährte nach Hause. Er war mit Jeans und T-Shirt bekleidet und wirkte ungepflegt. Er ging zu seiner Freundin, legte ihr die Hand auf die Schulter und nahm sich eine Zigarette aus der Schachtel, die da auf dem Tisch lag. »Ich habe sie nicht gefunden«, sagte der Mann zu der weinenden Frau und schaute aus dem Fenster. »Aber ich suche gleich weiter.« In diesem Moment war ich mir sicher, dass er der Täter war.

Er erzählte uns, dass sie beide das Kind abends ins Bett gebracht hatten. Er selbst habe noch das Fenster geöffnet, damit frische Luft in das Zimmer mit den vielen Kuscheltieren und den Bambi-Postern kommen konnte. Dann, am Morgen, sei das Bett leer gewesen. Er, der Stiefvater, habe zunächst gedacht, dass sie vielleicht auf die Toilette gegangen sei oder sich ein Glas Milch holen wollte. Aber die Kleine sei weder im Bad noch in der Küche gewesen. Da habe er seine Freundin geweckt und die Polizei gerufen. Er sei sofort losgelaufen, habe die Umgebung abgesucht, Freunde alarmiert und vor Angst geweint. Ihm liefen Tränen übers Gesicht, als er davon berichtete. Ich glaubte ihm kein Wort.

Dann wollte er wieder los, sich auf die Suche machen nach der »Kleinen«, die er so sehr liebe, und wieder wischte er sich eine Träne vom Gesicht. Wir wollten noch ein Foto machen von der Mutter mit dem Bild ihrer Tochter in der Hand, und ich bat den Mann, sich neben sie zu stellen. Aber er wollte nicht. Er wolle keine Öffentlichkeit, sagte er. Ich nahm meinen Kollegen beiseite und bat ihn, ein Weitwinkelobjektiv zu benutzen, um den Mann mit aufs Bild zu bekommen. Was er auch tat – und wir hatten somit das Foto des Kindermörders. Denn wenige Tage später brach der Mann in einer Vernehmung zusammen und gab zu, die Kleine getötet zu haben, als seine Freundin schlief, weil sie zu laut weinte. Er gestand, dass er die Leiche nachts aus der Wohnung geschafft und nur zum Schein an der von Freunden und Bekannten organisierten Suche teilgenommen hatte.

Ein anderer tragischer Vorfall betraf indirekt meine Familie. Mein Onkel rief mich auf dem Handy an, als ich gerade auf dem Weg zum Verlag war. Ein langjähriger Bekannter sei vor geraumer Zeit tot in seiner Wohnung entdeckt worden. Man würde aber nicht erfahren, was genau passiert sei, ob ich mich denn einmal umhören könne. Ich fragte nach dem Alter des Mannes, er war in den Sechzigern und lebte nach der Trennung von seiner Frau allein. Ich hatte gleich eine Vermutung, was passiert sein könnte. Ich bin kein Hellseher, aber ich habe jegliche Art von Mord oder Folter, die man einem Menschen antun kann, zigmal beschreiben müssen. Meiner Einschätzung nach war es gut möglich, dass der Mann homosexuelle Neigungen gehabt hatte, weswegen auch die Ehe zerbrochen sein könnte. Als möglicher Täter kam somit ein Stricher infrage. Ein Gedanke, auf den man sicher nicht unbedingt kommt, wenn man nicht tagtäglich mit ähnlichen Geschichten zu tun hat. Es sind die Erfahrungen, die man über die Zeit in einem Beruf wie dem meinen macht. Wird ein Mann, der allein lebte, erschlagen oder erwürgt in seiner Wohnung gefunden, gibt es häufig einen solchen Stricher-Freier-Hintergrund.

Zum Zeitpunkt der Tat war ich in Neuseeland gewesen, sodass ich keine Einzelheiten des Falls kannte. Ich rief einen Beamten in der Pressestelle an und fragte nach. Es war leider tatsächlich, wie ich vermutet hatte: Die Untersuchungen hatten ergeben, dass sich das Opfer regelmäßig Stricher in die Wohnung geholt hatte. Einer von ihnen hatte den Mann getötet, um an seine EC-Karte zu kommen. Es gab ein Überwachungsfoto von der Kamera einer Bank, wo der mutmaßliche Täter Geld abhob.

Ich rief meine Verwandten an. Sie wollten keine Einzelheiten wissen. Es muss schwer für sie gewesen sein, einen langjährigen Bekannten plötzlich mit anderen Augen sehen zu müssen.

In einem anderen Fall wurde eine Frau ermordet im Heizungskeller ihres Wohnhauses im Ostteil der Stadt gefunden. Der Erfahrung nach lag es nahe, dass der Täter im gleichen Haus wohnte. Nur selten dringt ein Fremder in ein Haus ein und tötet wahllos eine Frau, außer es geht um Diebstahl oder eine Vergewaltigung. Ich schickte meinen Kollegen Steffen zum Tatort. Er ist ein Wühler. Einer, der nicht still im Büro sitzen kann, sondern draußen arbeiten muss. Steffen hat ein Wohnmobil mit einer Ausrüstung, die es ihm erlauben würde, eine Woche lang autonom zu überleben. Nicht selten standen Reporter und Polizisten durchgefroren vor diesem Fahrzeug und freuten sich über den Kaffee, den er darin kochen konnte. Erdnüsse dazu? Steffen hat alles dabei. Aber er muss beschäftigt werden, er muss ermitteln, fotografieren. Sonst kriegt er schlechte Laune und ruft alle halbe Stunde an. »Is ja nischt los, was?«, heißt es dann, und alle im Büro wissen, dass der Mann ganz schnell irgendeinen Auftrag bekommen muss. Steffen ist knapp 60, und ich halte ihn für einen der besten Polizeireporter und Rechercheure auf der Straße – und ich kenne ein paar. Er ist höflich und feinfühlig. Er ist einer, der mit einem Blumenstrauß zur überfallenen Oma kommt und Familien nach einem Brand in ihrem Eigenheim kurz vor Weihnachten Spielzeug für die Kinder mitbringt, ohne dass er die Rechnungen dafür einreichen würde.

Steffen fuhr an diesem Tag also zum Tatort, und ich sagte, er solle den Lebensgefährten suchen und fotografieren, denn mein Bauchgefühl sagte mir, dieser könne der Täter sein. »Müssen wa mal schauen«, lautete, wie zumeist, die Antwort.

Der Mann ist gut, aber er verwechselt ständig die Straßen. Und die Hausnummern. Schickt man ihn zur Burmeisterstraße 12, ruft er wenig später an und fragt: »Siemensstraße 3 oder 4?« Wir lachen darüber, alle zusammen. Steffen meldet sich ab, wenn er am Tatort eintrifft und mit der »Vorort-Recherche« beginnt. »Bin jetzt mal nicht zu erreichen«, dann wissen wir, dass er jemanden interviewt, dass er herumschnüffelt, Informationen zusammenträgt, versucht, die Wahrheit ans Licht zu bringen.

Steffen meldete sich am Nachmittag nochmals kurz. Er

sprach leise, als er sagte, dass er bei dem Lebensgefährten auf der Couch sitze und dieser gerade seine Lebensgeschichte erzähle und das Familienalbum geöffnet habe. Steffen war in seinem Element.

»Alter«, sagte ich noch zu ihm, »das ist der Täter. Hundertprozentig, denk an meine Worte.«

»Müssen wa mal schauen«, nuschelte er in den Hörer und legte auf.

Kurz darauf rief ihn ein befreundeter Fotograf einer anderen Zeitung an, der von mir wusste, wo Steffen gerade war. Steffen wollte den Kollegen abwürgen, weil er gerade dabei war, den Lebensgefährten des Opfers zu knacken. Doch der andere Fotograf gab Steffen den Tipp, ganz schnell aus der Wohnung zu verschwinden, weil inzwischen der dringende Verdacht bestand, dass ebenjener Lebensgefährte die Frau auf dem Gewissen hatte. Das SEK sei gerade vorgefahren, um den Mann festzunehmen.

»Scheiße«, soll Steffen noch gesagt und nach einem Vorwand gesucht haben, aus der Wohnung zu kommen. Denn wenn die Männer mit den Masken kommen, werden die Räume erst einmal »befriedet«. Alle Anwesenden werden »flachgemacht«, dann wird geschaut, wer da so alles am Boden liegt. Mein Kollege hat es gerade noch rechtzeitig geschafft. Er habe die Standheizung in seinem Auto angelassen, sei ihm als Ausrede eingefallen. Er war kaum im Fahrstuhl, als das SEK in die Wohnung eindrang. Später stellte sich heraus, dass die Polizei den richtigen Mann gestellt hatte. Ein Beziehungsstreit war eskaliert.

Dagobert

Kaum ein Gangster hat die deutsche Polizei so sehr genarrt wie Dagobert. Und kaum einer hat die Presse so sehr auf die Folter gespannt wie der Mann, der die Polizei monatelang hatte dumm aussehen lassen, bis er endlich als Arno Funke identifiziert werden konnte.

Wie er später erzählte, hatte es ja zuvor einmal geklappt mit der Erpressung eines Kaufhaus-Konzerns. Damals hatte der arbeitslose, aber blitzgescheite Mann aus Berlin 500 000 Mark ergaunert. Doch das Geld war nicht richtig angelegt und daher irgendwann alle. Neues Geld musste her, für die Frau und den Sohn, für das Leben. Also versuchte er es erneut und verlangte einen Millionenbetrag von dem gleichen Kaufhaus-Konzern mit Sitz in Hamburg. Sonst würden Bomben hochgehen, drohte er. Einmal zündete er, um seine Entschlossenheit zu unterstreichen, tatsächlich eine Bombe – aber zu einer Zeit, in der normalerweise keine Menschen in dem Kaufhaus sein sollten, denn vorsätzlich verletzen wollte Dagobert niemanden. Unglücklicherweise war jedoch eine Putzfrau in der Nähe, die durch die Detonation leicht verletzt wurde. Spätestens jetzt galt das Phantom als gefährlicher Gegner, als Schwerverbrecher. Den Namen Dagobert hatte er nach der Kontaktaufnahme mit der Polizei bekommen. Als Signal für die Geldübergabe war der Abdruck einer Kleinanzeige in einer Zeitung vereinbart worden – »Dagobert grüßt seine Neffen« war darin zu lesen.

Trotz der Gefährlichkeit, die von dem gesuchten Erpresser ausging, hatten nicht wenige Ermittler professionellen Respekt vor dem Mann, dessen Gesicht sie nicht kannten und das jeder Journalist nur zu gern auf der Titelseite seiner Zeitung gehabt hätte. Dagobert hielt die Polizei auf Trab, immer wieder aufs Neue. Wir Berliner Polizeireporter bekamen davon nur am Rande mit. Da ein Hamburger Konzern erpresst wurde, saß auch die Sonderkommission bei der Hamburger Polizei. Die Berliner Kollegen waren quasi nur unterstützend tätig, weil sich Dagobert Berlin als Spielplatz ausgesucht hatte, einen Spielplatz, den er gut kannte und den er ständig neu entdeckte, wenn er nach Möglichkeiten der Geldübergabe suchte. Die scheiterte nämlich immer wieder. Eine selbst gebaute Mini-Lore, angetrieben von einem Elektromotor, entgleiste beispielsweise, als die Beamten weit entfernt das Geld bereits daraufgelegt hatten. Dem Motor eines ferngesteuerten Modellbootes ging der Strom aus. Dagobert selbst bekam kalte Füße, als er im Gully hockte und darauf wartete, dass die Polizisten das Geld in einen darübergezogenen Sandcontainer – Dagobert hatte ein Loch in dessen Boden gesägt – warfen. Als er verdächtige Geräusche hörte, flüchtete er. In einem anderen Fall sollte das Geld aus einem fahrenden Zug geworfen werden, doch auch diese Übergabe scheiterte. Und Dagobert musste sich immer wieder etwas Neues einfallen lassen in seiner kleinen Werkstatt. Diese Einzelheiten waren uns Berliner Polizeireportern damals im Detail nicht bekannt, wohl aber den Hamburger Journalisten. Denn die Polizeiarbeit dort war weitaus cleverer. Den Verantwortlichen war klar, dass ob der örtlichen Nähe der zuständigen Ermittler zu den hanseatischen Polizeireportern irgendwann einmal Details durchsickern würden, die letztlich im Fall einer Veröffentlichung den gesamten Ermittlungskomplex gefährden könnten. Also fasste die Polizeiführung einen kühnen Plan. Die Polizeireporter von jedem Medium in Hamburg wurden zu einem Hintergrundgespräch eingeladen, bei dem folgendes Angebot gemacht wurde: Die Journalisten bekommen alle Informationen. Ja, wirklich alle. Im Gegenzug wird nur das veröffentlicht, was zuvor mit den Chefs der Sonderkommission vereinbart wurde. Den Deal machten die Journalisten natürlich gern. In Berlin, da bin ich mir sicher, wäre das nicht gegangen. Weil es dort zu viele Medien und zu viele freie Journalisten gibt, die zu kurz denken, die den schnellen Erfolg wollen, anstatt länger zu planen.

Ich war damals bei der *B.Z.*, wir erfuhren zumeist erst nach den gescheiterten Geldübergaben von den neuerlichen Aktionen. Wenn wieder einmal mehrere Tausend Polizisten an Telefonzellen gestanden hatten, weil die Ermittler wussten, dass Dagobert von öffentlichen Münzsprechern aus anrief. Dann machten wir am nächsten Tag die Zeile: »4000 Polizisten im Einsatz, Dagobert entkommt erneut«. Die Hamburger kannten alle Details. Ich hätte gern mit ihnen getauscht.

Genau die Möglichkeit bekam ich im Jahr 1993, als Dagobert immer noch sein Unwesen trieb. Einer meiner Vorgesetzten in Berlin hatte, um es einmal diplomatisch auszudrücken, gefehlt, als man Umgangsformen und Höflichkeit in der Schule vermittelte. Nach einem seiner zahlreichen Ausraster hatte ich endgültig genug: Ich kündigte.

Dann rief ich einen guten Kumpel bei der *BILD*-Zeitung in Hamburg an. Die brauchten gerade einen Polizeireporter, wenig später zog ich an die Elbe.

Fortan sah ich den Fall Dagobert mit anderen Augen. Im wahrsten Sinn des Wortes. Denn nun gehörte auch ich zu den Journalisten, die eingeweiht wurden. Zwar durfte ich nicht an den eigentlichen Besprechungen teilnehmen – das war das Privileg der alteingesessenen Hasen, und das war okay –, aber ich war an den Planungen beteiligt. Und ich war dabei, als die Hamburger Polizei geschlossen nach Berlin abrückte. Ermittler und Spezialkräfte, wir im Konvoi hinterher. Zusammen stand die Meute zumeist am Theodor-Heuss-Platz und wartete auf Dagoberts Anruf. Wenn dieser einging, wurden die Motoren gestartet, die Stadtpläne auf die Knie gelegt und die Taschenlampen eingeschaltet. Kurz nach dem Ende des Gesprächs war der Standort der Telefonzelle bekannt, die der Gesuchte, das Phantom, benutzt hatte. Dann rasten die Spezialeinheiten los. Und der Pressesprecher der Hamburger Polizei trat zu uns an die Autotür. »In fünf Minuten könnt ihr los.« Das war der Deal. Und das Adrenalin schoss durch die Venen – haben wir Glück? Sind wir vielleicht dabei, wenn Dagobert geschnappt wird? Ist heute dieser Tag? Unser Tag?

Ich war für die Hamburger Reporter wichtig, denn ich kannte Berlin wie meine Westentasche. »Zeig uns den schnellsten Weg, du kennst dich hier aus«, hieß es von meinen neuen Kollegen, die mich aufgenommen hatten in den Club der Eingeweihten.

»Bayernring«, sagte der Polzeisprecher nach wenigen Minuten und ich hatte in diesem Moment nicht die geringste Ahnung, wo diese Straße liegen sollte. Obwohl eine

Freundin von mir um die Ecke wohnte und ich zigmal da war. Es war die Aufregung.

»Rechts lang«, sagte ich schlicht, um Zeit zu gewinnen. Die Wagen der Hamburger Polizeireporter folgten dem meinen, und dann fiel mir die Straße wieder ein und auch die schnellste Route dorthin. Dagobert wiederum musste die schnellste Route gekannt haben, um von da zu entkommen, denn er war weg, als die Spezialeinheiten – und wenig später wir – dort eintrafen. Die übliche Schlagzeile am nächsten Tag: »Dagobert wieder entkommen«. Meine Berliner Kollegen nervten mich: »Kannste uns nicht mal Bescheid sagen?«

Nein, das konnte ich eben nicht. Obwohl ich meinen alten Kumpels gern geholfen hätte, habe ich es nie getan. Trotzdem behaupteten dies missgünstige Kollegen an der neuen Arbeitsstelle hinter meinem Rücken beim Chef. Ich beschloss in diesen Tagen, nach Berlin zurückzukehren. Auch diese Redaktion war ein Haifischbecken. Und mir fehlte Berlin mit seinem Dreck, mein Moloch.

Im Frühjahr 1994, ich hatte gerade den Einsatz für *BILD* in Südafrika überlebt, bewarb ich mich bei einem neu gegründeten Nachrichtenmagazin mit Sitz in Berlin als Kriegsreporter – und wurde genommen. Es war ein unglaubliches Gefühl. Ich konnte zurück, in meine Stadt, zurück in meine Wohnung, die ich einem Kollegen untervermietet hatte. Ich konnte in Hamburg kündigen, die Stadt verlassen, die mir ob des Geredes ihrer Einwohner über die Einzigartigkeit der Alster unerträglich auf die Nerven ging, die Stadt, in der man englische Wachsjacken mit Halstüchern trug und Sekt auf Eis trank. Die Sonne schien, als ich die Zusage des Berliner Magazins bekam, und ich hätte die ganze Welt umarmen können, als plötzlich das Handy klingelte. Mein Kollege aus Hamburg war am anderen Ende der Leitung: »Sie haben ihn!«

Wen, wollte ich wissen.

»Dagobert, du Heini. Wo bist du?«

Was sollte ich sagen? Dass ich in Berlin gerade bei einer anderen Zeitung anheuerte? Ich sagte es ihm dennoch und versprach, alles zu geben. Ich telefonierte herum, doch die Geschichte wuchs von ganz allein. Ich spielte keine große Rolle bei dem Stück, und ich hatte auch keine Lust mehr dazu. Schnell sickerte durch, wer dieser Dagobert im echten Leben war und wo er wohnte. Kohorten von Reportern belagerten seine Wohnung und das Polizeipräsidium. Ein lokaler Fernsehsender hatte an diesem Tag besonderes Glück: Wegen irgendeiner anderen Story war ein Team im Präsidium, als Dagobert zur ersten Vernehmung gebracht wurde. Ein Polizist gab den Reportern einen Tipp, und so war das exklusive Interview perfekt. Dagobert gab sich geknickt, aber smart und beantwortete ein paar Fragen, und das am Tag der Festnahme. Reporterglück. Mehr geht nicht. Die Verantwortlichen des großen Senders werden an diesem Tag sicherlich Fetzen ihrer teuren Ledersofas gegessen haben.

Der nächste Schlag traf die *BILD*-Zeitung. Denn auf der Titelseite der *B.Z.* prangte am nächsten Tag das Foto der Festnahme Dagoberts. Er stand an eine Wand gelehnt, wurde von nicht erkennbaren Polizisten mit einem Tonfa dagegengedrückt, damit er durchsucht werden konnte. Der Zugriff musste gerade wenige Augenblicke zuvor geschehen sein. Ein Hammerbild, Gold wert. Wie sich später herausstellte, hatte einer der am Festnahmeort anwesenden Polizisten die Szene fotografiert, um sie später den Kollegen zeigen zu können, die sich all die Wochen und

Monate ein Bein ausgerissen hatten, um dieses Phantom zu fangen.

Am Abend, auf dem Gelände der Berliner Spezialeinheiten, zu denen das SEK, das Mobile Einsatzkommando (MEK) sowie die Präzisionsschützen gehören, standen die Beamten bei einem Glas Sekt zusammen und feierten den Erfolg. Das Foto war ausgedruckt und unzählige Male kopiert worden. Nicht, um es der Presse zu verkaufen, sondern als Trophäe für die Einsatzkräfte. Irgendein Beamter muss dennoch einen Kontakt zur *B.Z.* genutzt und Kopien verkauft haben. Wenn ich mich richtig erinnere, wurde der Betroffene sogar ermittelt und auch die Summe, die er für das Foto bekommen hatte. Es war ein lächerlicher Betrag. Wenn er gewusst hätte, was die überregionalen Blätter dafür bezahlt hätten, wäre er wahrscheinlich ausgeflippt. Ich will keine Redaktionsgeheimnisse verraten, aber die Summe wäre an diesem Tag bei diesem Fall mit dieser Festnahme immens gewesen. Shit happens.

Jahre später sollte ich Dagobert kennenlernen. Es stand der 15. Jahrestag seiner Festnahme an, er hatte seine Haftstrafe längst verbüßt und arbeitete für ein Satire-Magazin. Ich besorgte mir von seinem Verlag seine Telefonnummer und rief ihn an. Seine Mailbox schaltete sich ein. Ich hinterließ zwar eine Nachricht, aber erhoffte mir keinen Rückruf. Doch der kam, und wir verabredeten uns sogar für einen der nächsten Tage in unserem Journalisten-Club. Ich erwartete ihn am Eingang zur Sicherheitsschleuse unseres Konzerns. Dann kam er: Mantel, Brille, ein schlaues Grinsen auf den Lippen. Er hatte wahrscheinlich einen knöchrigen Springer-Knecht erwartet, aber keinen Polizeireporter, der im Winter Hawaii-Hemden trägt. Wir haben uns gut verstanden. Und ich bin ehrlich: Ich mag den Kerl.

Sicherlich, ich habe mich mit Polizisten deswegen gestritten, denn er ist ein Straftäter. Und sicherlich wurde er zu Recht verurteilt. Aber er hat seine Strafe abgesessen und hat das Recht auf einen Neuanfang.

Ich bekam an diesem Tag Einblick in das Handeln des Mannes, der als Dagobert berühmt wurde. Und ich bin wiederum ganz ehrlich: Ich habe mir die Schenkel vor Lachen blutig geschlagen, als er von Details berichtete, die so nicht bekannt waren. Ich musste an dem Abend nach unserem Treffen noch in die Innenstadt zu einer Verabredung mit einem Polizisten, der an der Jagd auf Dagobert beteiligt gewesen war. »Liegt auf dem Weg, ich nehm dich mit«, sagte der Mann mit dem schlauen Grinsen zu mir.

Wir verließen das Haus und gingen zu seinem Wagen. Als ich auf der Beifahrerseite einstieg an diesem kalten Herbsttag, wurde ich plötzlich von einem heftigen Lachanfall geschüttelt.

»Was hast du?«, fragte Dagobert, und ich rang nach Luft.

»Wenn mir vor 15 Jahren jemand erzählt hätte, dass ich mal von Dagobert zu einer Bullenkneipe gefahren werde, hätte ich ihn für bekloppt erklärt.«

Meine Kinder sind immer scharf auf Geschichten aus meinem Berufsleben, wie alle Kinder, egal, ob Papi nun Schornsteinfeger, Pilot oder Feuerwehrmann ist. Ich erzählte meinem ältesten Sohn, er war damals sechs Jahre alt, von dem Treffen mit dem Erpresser. Er saugte es auf. Ein Jahr später war ich mit ihm am Verlag, um schnell etwas zu erledigen, bevor ich mit ihm zum Training fuhr. Auf dem Gehweg stand durch Zufall Dagobert mit einem Freund. Wir gingen hin, er erkannte mich, und wir begrüßten uns herzlich.

»Schau«, sagte ich zu meinem Sohn, »das ist Dagobert.«

Der Sechsjährige gab ihm die Hand und sagte: »Du siehst gar nicht aus wie eine Ente.«

Alle lachten, und der Mann sagte: »Das ist ja nur mein Spitzname.«

»Ich weiß«, sagte mein Sohn. »Du bist der Gauner, den Papis Kumpels gejagt haben.«

»Was erzählst du deinen Kindern für Märchen?«, grinste das ehemalige Phantom.

Das liebe ich an meinem Beruf. Man lernt Menschen kennen, und das auf eine Weise, wie es anderen nicht möglich ist.

SEK-Probanden

Ich habe viele Bekannte, aber wenige Freunde. Weil mir das Wort Freund immer heilig war und ist. Dirk ist mein engster und bester Freund – und mein Kollege. Zusammen haben wir harte Polizeireportagen durchgestanden und waren nebeneinander im Steinhagel bei den Castor-Transporten im Gras gelegen. Und zusammen recherchieren wir seit 1997 im Kinderpornomilieu Deutschlands, der Niederlande und Belgiens. Wir mussten Dinge sehen, die so schwer zu ertragen sind, dass wir heute noch daran scheitern, sie zu vergessen.

Hier und da gibt es von unserer Arbeit aber auch etwas Lustiges zu berichten. Vorausgesetzt, man versteht unseren manchmal etwas derben Humor. Eines Tages wollten wir eine Reportage über das Berliner SEK schreiben und bekamen diese auch schnell genehmigt – auf dem kurzen Dienstweg: eine Frage bei der Pressestelle, ein schnell verkündeter Termin, nur wir und unser Fotograf Achim. Bei dieser Gelegenheit sollte ich Axel kennenlernen, den Helden vom Kottbusser Tor, zu der Zeit Kommandoführer des SEK. Etwa 1,90 Meter groß, jahrelanger Footballspieler, längere Haare, Bart, kurz ein Kerl, der dem Anschein nach eher auf eine Harley gehört als in den Polizeidienst. Gute Leute tarnen sich eben. Axel geht zum Boxen, baut aber in seiner Freizeit auch alte Bauernhäuser aus. Und nimmt gern Reporter auf die Schippe.

Wir erreichten die Unterkunft von Berlins Elite-Polizisten, parkten, schauten uns um, wurden begutachtet. Junge und etwas ältere Männer, in T-Shirts und durchtrainiert, beobachteten die drei Presseheinis, die da kamen. Dann lernten wir Axel kennen und seinen Vorgesetzten. Axel erklärte den Job, den täglichen Auftrag und hatte kein Problem damit, dass wir auch abseits mit einem seiner »Jungs« sprachen. Ich unterhielt mich mit einem der »Irren« über das Leben als SEK-Mann, über die Anforderungen, die man erfüllen muss, über den Umgang der Familie mit diesem gefährlichen Beruf. Dirk und der Fotograf unterhielten sich derweil mit Axel und einem der Elite-Polizisten. Ich gesellte mich irgendwann wieder zu ihnen, und der Hüne Axel grinste mich an.

»Dein Kumpel hat mich gerade gefragt, wofür wir die Hunde brauchen.«

»Und?«

»Na, ich hab ihm gesagt, dass wir die Tiere bei der Überwältigung von gefährlichen Straftätern einsetzen. Er wollte das mal sehen, und wir haben das arrangiert. Ihr könnt auch Fotos machen.«

»Ist doch super«, sagte ich und ahnte, dass die Sache irgendeinen Haken haben würde. Vor allem, als Dirk und Achim sich umdrehten, um ihr Lachen zu verbergen. Und Axel mir freundschaftlich auf die Schulter schlug. »Du bist der Böse. Keine Sorge. Der Köter kriegt 'nen Maulkorb um. Der will doch nur spielen.«

Alle lachten. Was sollte ich tun? Ich hatte damals selbst einen sehr kräftigen Hund, und als Reporter kann man gerade bei einer solchen Einheit keinen Rückzieher machen.

»Ich höre, was muss ich tun?«

Der Auftrag war klar. Auf dem Gelände des SEK in Lichterfelde gibt es eine Parkanlage. In der Mitte des Grüns sollte ich ein Paket – es war meine Aktentasche – abholen, in dem sich Geld aus einer Erpressung befand. Das war das Szenario. Nicht mehr, nicht weniger. Alle zogen sich zurück: Axel, mein Freund Dirk, der Fotograf Achim – alle breit grinsend. Hätten sie keine Ohren, so dachte ich damals, würden sie im Kreis grinsen. Irgendwo saß ein SEK-Mann mit seinem Hund im Gebüsch. Diese Hunde sind irre wie die Polizisten selbst, ich habe einen von ihnen einmal aus einer Entfernung von mehreren Metern durch eine geschlossene Autoscheibe springen sehen, um einen Täter zu überwältigen.

Ich ging auf die Mitte des Platzes zu. Ein mulmiges Gefühl im Bauch. Gleich würde das Vieh ja nun kommen, aber von wo? Dann hörte ich ein Kommando, drehte mich zur Seite und sah den Hund auf mich zuhetzen. Er sprang einige Meter vor mir ab. Ziel Gangster. Ziel Reporter. Ich fing ihn mit beiden Händen ab und warf ihn zurück. Der Hund drehte ab vor Wut. Für das Tier gibt es kein Training, für das Tier ist jeder Zugriff real. Auch ein gespielter. Er griff wieder an, ich gab alles, und dann sah ich die Schatten auf mich zukommen. Der Hund hatte nur einen Auftrag: mich abzulenken. Sekunden später überschlug ich mich mehrfach. Zwei SEK-Männer hatten mich volley genommen. Eine Pistolenmündung ging in die Richtung meines Gesichts, eine in Richtung meines Oberkörpers. Ich hatte das Grün vom Gras an Hose und Hawaii-Shirt, und ich hörte Axel und Dirk im Einklang lachen, als mir die Jungs auf die Beine halfen. »Mensch, Reporter, so schlimm war es doch gar nicht.« Die Fotos machten die Runde. Und obwohl Dirk an diesem Nachmittag die Weizenbiere übernahm, stand eines fest – Rache. Die Gelegenheit sollte bald kommen. Bei der gleichen Truppe.

Spezialeinheiten trainieren nicht nur für sich, sondern auch mit denen anderer Länder und tauschen sich aus. So hat das Berliner SEK guten Kontakt zur GSG9, den Kampfschwimmern, und sogar die U.S. Navy SEALs waren schon in Berlin zum Erfahrungsaustausch. Letztere waren so auch zufällig dabei, als der 16 Jahre alte Sohn eines Berliner SEK-Beamten gegen 21 Uhr anrief, weil ihm eine Gang das Handy abgenommen hatte. Die Halbstarken wurden aschfahl, als die amerikanischen Kampftaucher mit den Polizisten im Lokal erschienen und nett, aber bestimmt darum baten, das Mobiltelefon doch wieder an den Besitzer zu übergeben, was den Überlieferungen nach dann auch ohne weitere Zwischenfälle geschah.

An dem Morgen meiner Rache hatten die Berliner Spezialisten Verantwortliche der russischen Spezialeinheit OMON eingeladen. Es war keine groß aufgehängte Sache mit Ansprachen von Politikern, sondern ein effektiver Erfahrungsaustausch unter Praktikern. Ein SEK-Team sollte zum Abschluss des Besuchs an einem geheimen Ort eine Vorführung machen, und da Dirk und ich damals einen guten Draht zur Führung der Spezialeinheiten hatten, wurden wir eingeladen, darüber zu berichten.

Die Halle war irgendwo im Norden der Stadt. Als wir ankamen, standen die Beamten voll ausgerüstet in einer Reihe. Ihr Vorgesetzter unterhielt sich mit einem russischen Offizier mit klodeckelgroßer Mütze. Der Mann trug eine Uniform, deren linke Seite von zahlreichen Orden nach unten gezogen wurde, ein Dolmetscher übersetzte. In der Folge wurden verschiedene Szenarien durchgespielt, etwa das Stürmen einer Wohnung, mit und ohne Hund. Die Männer demonstrierten ihre Schießkünste bei Licht und bei Dunkelheit, sprangen durch und über brennende Barrikaden. Für den Fotografen waren das Leckerbissen. Anschließend – der russische General und sein Stab rauchten ekelhaft riechende Zigaretten – fielen die Augen des Generals auf einen Ausrüstungsgegenstand am Gürtel eines der Berliner Beamten. Was das sei, wollte er wissen. Der Polizist zog ein Gerät aus dem Holster, das auf den ersten Blick eine Pistole hätte sein können. Doch dafür war es zu klobig.

»Das ist ein sogenannter Air-Taser«, sagte der Teamführer, und seine Worte wurden ins Russische übersetzt.

»Betätigt man den Abzug, werden zwei Widerhaken abgefeuert, die mit Drähten verbunden sind. Durch diese wird eine Stromdosis an denjenigen freigesetzt, der von den Haken getroffen wird.« Damit können die SEK-Beamten einen Straftäter auch auf Distanz überwältigen, ohne die echte Schusswaffe einsetzen zu müssen, oder beispielsweise einen Selbstmörder handlungsunfähig machen, der sich ein Messer an den Hals hält.

Der Russe war beeindruckt und wollte das gute Stück nun auch gleich einmal im realen Einsatz sehen. Das wurde kurz besprochen und beschlossen. Fehlte nur noch der Proband.

»Soll doch einer von den Pressefritzen Spalier stehen. Dann wissen die mal, worüber sie da schreiben«, sagte einer der Männer aus dem Kommando, und der Rest grinste. Alle Augen richteten sich auf Dirk und mich.

»Jungs, seid nicht sauer, ich hatte letztens das Vergnügen mit dem Hund«, sagte ich schnell.

»Tja«, wandte sich der Teamführer an Dirk. »Dann steht die Sache ja fest.«

Mein Freund war jetzt in der gleichen Situation wie ich damals in der Grünanlage. Manchmal kann man eben nicht Nein sagen. Schon gar nicht, wenn man einen Ruf zu verlieren hat.

»Dann wollen wir mal«, sagte der Teamführer fröhlich und legte eine dicke Gummimatte vor Dirks Füße.

»Wofür ist die denn?«, wollte der wissen.

»Na, du wirst gleich zusammenbrechen, und wir wollen doch nicht, dass du hart fällst.«

Hätte ich keine Ohren, ich hätte im Kreis gegrinst. Dirk stellte sich auf die Matte, zwei SEK-Männer standen rechts und links von ihm, um ihn notfalls aufzufangen, und der russische Offizier kam interessiert näher, wieder einen dieser stinkenden Glimmstängel zwischen den Zähnen. Der Teamführer des SEK stand etwa fünf Meter vor meinem Freund, fragte: »Bereit?«, und Dirk nickte. Ihm war nicht wohl, das sah man ihm an. Mir schon. Danke für den Hund. Der Elite-Polizist drückte ab, und Dirk wurde von den Widerhaken getroffen. Er griff sich in den Schritt, ein glockenheller Ton entwich seinem Mund, dann ging er auf die Knie. Sekunden später war alles vorbei, er stand wieder auf den Beinen, und viele Männerhände schlugen ihm auf die Schulter.

»Das war das ekelhafteste Gefühl, das ich jemals hatte«, berichtete er mir später im Auto. Das Foto von der Aktion hängt sowohl in meinem als auch in seinem Arbeitszimmer und erinnert daran, dass es hin und wieder auch mal heiter war. Und mich erinnert es an das ungute Gefühl, das ich hatte, als wir ein Jahr später bei den ebenfalls maskierten Präzisionsschützen der Polizei zu Gast waren und Dirk beim Erscheinen einen Apfel in der Hand trug. »Na, Angst?«, fragte er grinsend. Dann biss er hinein.

Meine Sorge, dass er das Obst zum Abschuss auf meinen Kopf stellen wollte, erwies sich glücklicherweise als unbegründet.

Verstörend

Vor wenigen Jahren nahmen die Übergriffe auf Homosexuelle in Berlin zu. Mehrfach wurden Männer beschimpft, zusammengeschlagen, getreten, oftmals gezielt in den Genitalbereich. Es war unerträglich. Und es herrschte Angst in der Szene. Die Täter wurden von den Opfern als Südländer beschrieben. Leider muss man sagen, dass es einige junge Muslime gibt, die einen argen Groll gegen homosexuelle Männer hegen. Und es nicht bei Beleidigungen belassen, sondern die Fäuste sprechen lassen.

Die Polizei nahm das Thema sehr ernst und schickte zusätzliche Streifen in die Gebiete, in denen Homosexuelle in den Abend- und Nachtstunden unterwegs sind. Ich bekam die Genehmigung, eine solche Zivileinheit zu begleiten. Letztlich war es nichts weiter als eine Streifenfahrt in einem nicht als Polizeifahrzeug zu erkennenden Auto entlang des Tiergartens und im Bereich der Homo-Lokale in Schöneberg.

Einer der Beamten erzählte uns, was einem der Opfer angetan worden war – der Mann lag immer noch schwer verletzt im Krankenhaus. Wir fuhren Stunde um Stunde Straße um Straße ab. Dann stoppten wir an der Straße des 17. Juni, da einer der Beamten eine Zigarette rauchen wollte.

Zwei Jogger, augenscheinlich türkischer Herkunft, kamen vorbei, und einer der beiden fragte uns – klar als Zivis zu erkennen –, warum wir »nicht mal ein paar dieser Schwuchteln erschießen würden«, die seien wider die Natur. Der Mann wurde vorübergehend festgenommen und bekam eine Anzeige. Wir wurden als Zeugen gehört.

»Das da drin«, so einer der Beamten Stunden später in der Nacht, »ist eine eigene Welt. Ich habe auch nicht gewusst, dass es mitten in der Stadt so etwas gibt. Kommt mal mit.«

Wir betraten den Tiergarten. Stockdunkel das Areal, und wenn man ohnehin angespannt ist, hört man jedes Knacken, jedes Eichhörnchen, das den Baum hochhuscht. »Erschreckt euch nicht«, sagte der Beamte. Dann gingen wir einen Weg lang, Taschenlampen halfen dabei, uns auf dem unebenen Untergrund nicht den Hals zu brechen.

Zombies. Ich musste an Zombies denken, als ich die Gestalten sah, die sich da hinter Bäumen versteckten, als sie die Beamten sahen, oder die Platz machten und weggingen, weil sie nicht erkannt werden wollten. Der Tiergarten, in dem am Tag die Läufer unterwegs sind, auf dessen Wiesen Familien Picknick machen und Studenten Bücher lesen und sich auf Klausuren vorbereiten, wird nachts zur Cruising-Area, wo sich zum Sex bereite Männer treffen und innerhalb von Sekunden nach dem ersten Blickkontakt entscheiden, ob sie sich mit dem anderen Mann einlassen. Es sind Männer, die den Kick der Dunkelheit und des anonymen Sex suchen, Männer, von denen viele tagsüber normalen Berufen nachgehen.

»Die sind hier unter sich, und sie tun niemandem etwas«, sagte der Polizist. Es sei schon etwas speziell, auch die Polizeiarbeit vor Ort, aber diese Männer würden für einen

Außenstehenden keine Gefahr darstellen, nur für sich selbst, denn der Nervenkitzel und die Suche nach dem schnellen Sex beinhaltet oft auch, dass kein Kondom benutzt wird.

Ich wirbelte herum und nahm die Fäuste hoch, als plötzlich ein Mann hinter einem Busch auftauchte, der einen NVA-Vollschutz-Gummianzug samt Gasmaske trug und am Hintern ein Loch in den Gummi geschnitten hatte. Ich bin sehr tolerant, aber das hier ging mir doch zu weit, ich wollte raus aus dem Park.

Wenig später wurde unser Wagen nach Schöneberg zu einer Currywurstbude gerufen. Ein Verkehrspolizist war mit einer Situation überfordert, die skurriler auch kaum hätte sein können. Eine knapp zwei Meter große Drag-Queen stand komplett aufgebrezelt an dem Imbiss und aß Buletten mit »Pommes Schranke«, also rot-weiß, mit Ketchup und Majo. Auf dem Stehtisch standen ein Piccolo-Sekt und ein passendes Glas dazu. Unter dem Tisch »weilte« der Geliebte der Queen auf allen vieren. Er trug einen Lackanzug, hatte ein Hundehalsband um, das Ende der Leine steckte im Strumpfband der hochgestiefelten Lady. Für den »Hund« waren ebenfalls Buletten und Pommes bestellt worden, doch in seinem Fall lag das Essen in einem Hundenapf, und sein Bier schlabberte er aus einem zweiten Gefäß.

»O Mann, nicht das schon wieder«, grinste der Zivilpolizist. »Die beiden kennen wir schon. Sind ein liebes Pärchen, aber es gibt immer mal wieder Polizisten, die denen noch nicht begegnet sind. Wir vermitteln dann.«

Der Zivi stieg aus und ging auf die Szene zu, wir hinterher.

Der Beamte, der uns angefordert hatte, zeigte auf den Stehtisch. »So, was machen wir jetzt?«

»Unser« Polizist holte zum Spaß sein Notizbuch heraus. »Sieht mir nach einem klaren Verstoß gegen das Tierschutzgesetz aus«, sagte er und stellte sich zu der Drag-Queen.

Und weiter: »Na, geht ihr Gassi?«

»Ja, Herr Wachtmeister. Der Kleine brauchte noch einmal Auslauf.«

Der Verkehrspolizist stieg in seinen Wagen. »Ihr macht das schon«, sagte er irritiert.

»Sie wollen mich doch wohl nicht festnehmen, oder?«, flirtete die Drag-Queen den Zivilbeamten an.

»Nein, das würde ich nie tun.«

»Du dürftest mich auch sanft nehmen«, kicherte der Hüne in den Strapsen und dem kurzen Rock.

»Du weißt doch, Schätzchen. Ich bin verheiratet.«

»Wie schade.«

Der Hund unterm Tisch knurrte. Guten Morgen Berlin.

Terroristen

»Stoppt die eins!« Das ist der Satz, den auszusprechen sich jeder Reporter erträumt, der Feuer für diesen Beruf hat. Oft wird abends an der Zeitung noch etwas geändert. Sei es, weil im Lokalteil ein besserer Aufmacher reinkommt, sei es, weil Hertha doch noch das Ausgleichstor geschossen hat oder weil es eine Klopperei im Rockermilieu gab. Die Seite eins wird aber nicht so schnell geändert. Es sei denn, man hat ein richtig gutes Ding ausgebuddelt.

Die Wende war eine spannende Zeit, für jeden Journalisten, egal ob Polizeireporter, Auslandskorrespondent oder Kulturredakteur. Aus Berliner Sicht hieß dies vor allem auch: Ein jahrelang weggedachter Stadtteil war plötzlich offen. Interviews mit interessanten Leuten im Ostteil der Stadt waren mit einem Mal möglich. Die noch aktive Stasi rannte einem im S-Bahnzug hinterher, wenn man Fotos an ihrer Meinung nach falschen Orten machte. Man trank die Nächte durch mit neuen Freunden, in Nachtbars, wie sie es im Westteil nicht gab und von denen auch nur die wenigsten geglaubt hätten, dass es hinter dem Eisernen Vorhang so etwas geben würde. Die Leute waren aufgeschlossen und fröhlich ob des Mauerfalls, und es ergaben sich schnell neue Bekanntschaften. Auch wenn es ungewohnt war, zeitweise in einer Wohnung in Prenzlauer Berg zu leben, die im Monat 38 Ost-Mark kostete und wo die Liebste vor dem Aufstehen sagte: »Schatz, holste bitte ein paar Kohlen aus dem Keller, ich hab kalte Füße.«

Ich war kurz vor dem Mauerfall, genauer im August 1989, nach meiner Zeit als Redakteur bei einer kleinen Anzeigenzeitung im Norden Deutschlands nach Berlin zur *Morgenpost* zurückgekehrt – genau zum richtigen Zeitpunkt. Damals, an diesem alles entscheidenden Tag mit der Pressekonferenz, in der Schabowski mitteilte, dass »unverzüglich« Ausreisen genehmigt wurden, lag ich, um ehrlich zu sein, noch ziemlich verkatert im Bett meines Zimmers einer Kreuzberger Wohngemeinschaft. Ich hatte eine Nachtschicht bei der Polizei mitgemacht, und nach Dienstschluss hatten die Beamten mich auf einen Absacker in ihre Stammkneipe eingeladen. Das Ganze ging bis Mittag.

Mein Mitbewohner Jens kam mehrfach in mein Zimmer und versuchte mir mitzuteilen, dass die Mauer im Begriff sei zu fallen. Ich bekam das wie durch einen Dunstschleier mit, wollte aber weiterschlafen. Dann irgendwann, es war bereits dunkel, stand eine junge Frau in meinem Zimmer. »Hallo, Mischi«, sagte sie sächselnd. »Ich bin's, die Freundin von Jens aus Freiberg.« Ich saß senkrecht im Bett. Jens hatte ein Mädchen in der DDR geliebt, wenn die plötzlich in Kreuzberg auftauchte, musste die Mauer tatsächlich offen sein. Ich duschte kalt, trank einen Liter Kaffee, dann machten wir uns auf zum Brandenburger Tor. Später stand ich wie Tausende andere Menschen auf der Mauer. Ich hatte sie nur mithilfe anderer erklimmen können – was für ein Bollwerk. Errichtet, um Menschen voneinander zu trennen. Die Welt ist wahnsinnig. Wenn meine Söhne mich fragen, welches das gefährlichste Tier ist, kann ich nur ehrlich antworten: »der Mensch«.

Zum Schlafen kam man in diesen Tagen und Wochen des Umbruchs eigentlich nie. Ständig war man einer Story hinterher – eine heißer als die andere –, traf neue Menschen, lernte Pressesprecher von Behörden kennen, um sie später als dort für den Westen platzierte Stasi-Agenten zu entlarven.

Ich schrieb damals noch auf Zeile, das heißt, dass ich kein festes Einkommen hatte, sondern dass nach Gedrucktem abgerechnet wurde. Eine harte Zeit, gerade dann, wenn alle Reporter mit spannenden Geschichten kommen, »die ins Blatt drängen«. Ich hing damals viel mit einem etwas älteren Kollegen zusammen. Sein Spitzname war Niko. Aber es war nicht der schon erwähnte Polizeireporter. Dieser Niko kam auch von der *B.Z.*, war nur etwas edler gekleidet, trug Anzug und weiße Hemden. Er nannte sich »Allround-Boulevard-Reporter«, was er auch war. Ich habe viel von ihm gelernt, wir waren ständig zusammen unterwegs.

Ich hatte einen Tipp bekommen, ohne eigentlich genau zu wissen, was ich da in der Hand hatte. Wer der Informant war, bekomme ich nach all den Jahren nicht mehr zusammen. Ein gewisser Abu Daud sollte sich einem Hinweis nach in Ostberlin aufgehalten haben, um den Behörden zu entwischen. Ich wusste damals nicht, wer das war. Ich hatte unheimlich viel zu tun: sollte Kontakte zur Volkspolizei aufbauen, mich um tausend Sachen kümmern, kurz: Ich hatte den Kopf voll.

Damals herrschte noch eine Stimmung in den Zeitungsredaktionen, wie man es aus Filmen kennt: Chefs brüllten nach Fotos, Sekretärinnen kochten Kaffee, Boten zogen Handwagen mit Post und Eilmeldungen hinter sich her. Es roch allerorten nach Zigaretten, die Fernschreiber ratterten.

Niko stand vor meinem Schreibtisch, in einer hellen Anzughose, die Ärmel seines weißen Hemdes hatte er bis zu den Ellenbogen hochgekrempelt, zwei Knöpfe standen offen. Er gab sich gern cool. War er auch.

»Ey, Alter. Haste noch irgend 'ne Story? Mir ist langweilig.«

»Nee, ich muss mich um die Ost-Bullen kümmern«, antwortete ich ihm.

»Ist doch auch langweilig. Eh alles Stasi.«

Niko brauchte Arbeit.

»Ach ja, da ist was. Ein, warte mal«, ich kramte nach meinem Block, der zwischen einem vollen Aschenbecher und leeren Colaflaschen stand. »Ein gewisser Abu Daud soll im Osten versteckt gewesen sein.«

Niko sah mich an, als hätte er einen Irren vor sich.

»Sag mal, hast du sie noch alle?«

Ich verstand nicht. »Wieso?«

»Alter. Abu Daud gilt als der Drahtzieher der Anschläge auf die israelischen Sportler bei den Olympischen Spielen in München 1972. Wie lange hast du den Tipp schon?«

»Keine Ahnung, drei Tage vielleicht.«

»Wo soll er gewesen sein?«

»Im Palast-Hotel.«

»Nimm deine Jacke und halt ja die Schnauze. Das behalten wir erst einmal für uns.«

Niko hatte es eilig, und er hatte recht. Ich folgte ihm zum Fahrstuhl, dann ging es sieben Stockwerke nach unten und weiter auf den Parkplatz, wo sein VW Golf stand. »Unglaublich, da sitzt der auf der Story des Jahrhunderts und versucht sich mit der Volkspolizei zu treffen.«

Wir fuhren in den Ostteil der Stadt, die Grenzanlagen waren noch nicht allerorten abgebaut, es war im Juli 1990. Wir parkten den Wagen unmittelbar vor dem Hotel am Alexanderplatz und begaben uns zunächst unauffällig in das

Gebäude. Offiziell, so war unser Plan, wollten wir erst später anfragen. Niko drückte einfach den Knopf für den Aufzug, dann fuhren wir in irgendein Stockwerk. Wir gingen den Gang entlang, und ich entdeckte zwei Zimmermädchen. Ich gab Niko ein Zeichen, und er nickte. Wir sprachen die beiden an, ob sie kurz Zeit hätten. Als Journalisten gaben wir uns nicht zu erkennen. Das wäre zu gefährlich gewesen, denn sollte der meistgesuchte Terrorist tatsächlich von der Stasi in der DDR versteckt worden sein, würde der östliche Nachrichtendienst dies sicher nicht in einer Zeitung lesen wollen.

»Wir haben ein paar Fragen zu einem Gast«, sagten wir schlicht, und die beiden jungen Frauen müssen uns für Ermittler vom Bundeskriminalamt gehalten haben.

»Kommen Sie hier mit hinein«, sagte eine von beiden und führte uns in ein Zimmer, das als Nächstes gereinigt werden sollte. Die Zimmermädchen hatten makellose Figuren, die Haare lang, die Schuhe hoch, die Kleidung zu eng. Dem Gast hier sollte etwas geboten werden. Sich auf das Gespräch zu konzentrieren fiel schwer.

»Kennt ihr Abu Daud?«

Die beiden sahen sich an. Offenbar immer noch in dem Glauben, dass wir BKA-Beamte waren und sie in dem neuen System Ärger bekommen könnten, wenn sie nicht redeten, nicht die Wahrheit sagten.

»Ja. Er wohnte mehrfach im Jahr hier.« Wir konnten es nicht glauben. Ich zog meinen Stift heraus und machte Notizen. Wir fragten die beiden aus und erfuhren eine Menge. Abu Tarek nannte er sich, wenn er im Palast-Hotel wohnte, meist im Apartment 8078, wo er den Mädchen nach vier- bis fünfmal im Jahr zwei Zimmer anmietete – oder angemietet bekam, so genau wussten die beiden das dann doch nicht. 280 West-Mark waren pro Nacht fällig, dafür gab es Farbfernsehen und eine Mini-Bar. Auch das Apartment darunter, Zimmer 7078, wurde laut der beiden Zimmermädchen seit spätestens 1983 regelmäßig bewohnt. Abu Daud alias Abu Tarek galt als V.I.P.-Gast, 1988 habe die Hotelleitung den Angestellten seine wahre Identität bekannt gegeben. Unter dem Kopfkissen des gesuchten Palästinenserführers soll immer ein großkalibriger Trommelrevolver gelegen haben. Wir bedankten uns für das Gespräch und taten dabei möglichst emotionslos, wie es Ermittler oder auch Agenten normalerweise tun, doch das Blut pochte in unseren Adern. Wir rasten durch Ostberlin, kamen wirklich mit quietschenden Reifen vor dem Verlag zum Stehen und stürzten in den Aufzug. Der amtierende Chefredakteur befand sich zu diesem Zeitpunkt zufällig in der Lokalredaktion, und Niko grinste mich an: »Mach schon.«

Und ich rief, so laut ich konnte: »Stoppt die eins.«

Die Verantwortlichen waren beeindruckt, aber bei der Brisanz der Geschichte wollten sie mehr Sicherheit. Es war noch sehr früh am Tag, ich sollte mit dem Schreiben beginnen, Niko schnappte sich ein Bild des Terroristen und fuhr abermals in das Hotel, um sich den Gast als Abu Tarek bestätigen zu lassen. Nach einer Stunde kam er wieder.

»Die beiden Mädels haben ihn ganz klar identifiziert, auch ein Page und ein Mann an der Tür. Und der Barkeeper hat sich eins gefeixt«, Niko war erregt. »Der hat ihn in den letzten beiden Jahren immer mit Drinks versorgt. Morgens hat der Bombenleger Tee und Soda bestellt, das Wasser musste dringend links vom Tee stehen, sonst gab's Ärger. Eine blonde Schönheit hat ihn wohl immer begleitet. Und seine Zimmernachbarn haben sich regelmäßig beschwert, weil Daud mit irgendwelchen Frauen regelrechte Orgien gefeiert haben muss. Am nächsten Morgen sind die Papierkörbe mit Whisky- und Champagner-Flaschen voll gewesen.«

Wir schrieben die Geschichte auf, dann kam der Chef zu uns. »Jungs, ihr müsst den Behörden sagen, dass wir die Story bringen. Wenn die davon noch nichts wissen, haut der Kerl vielleicht ab, weil wir ihn gewissermaßen durch unsere Veröffentlichung gewarnt haben.« Der Mann hatte recht, daran hatten wir in der ganzen Aufregung nicht gedacht.

Ich war der Polizeireporter mit den neuen Kontakten im Ostteil Berlins, also telefonierte ich herum. Am Nachmittag saßen wir bei einem für Terroristen zuständigen Beamten, von der »anderen« Seite, irgendwo in Ostberlin, und wollten nicht so recht daran glauben, dass den Behörden der Unterschlupf dieses Top-Terroristen verborgen geblieben sein sollte. Aber was sollten wir tun? Uns wurde gesagt, dass Abu Daud an der Leipziger Straße eine Wohnung besitzen solle, in der er auch momentan vermutet wurde. Eine Spezialeinheit des Innenministeriums der DDR sollte Abu Daud an diesem Abend vor unserer Veröffentlichung festnehmen. Wir könnten dabei sein und die Sache sogar fotografieren. Das wäre mein Job, ich hatte die guten Kameras. Der Polizist gab jedem von uns eine Sturmhaube. »Sie wollen doch nicht, dass er Sie erkennt?«

Stundenlang saßen wir in der Polizeiunterkunft und warteten auf die Aktion. Kontakt zu unserer Redaktion konnten wir nicht aufnehmen, es war noch nicht die Zeit des allgegenwärtigen Handys. Am Abend, uns war schlecht vom Ost-Kaffee, kam der Polizist zu uns. »Es scheitert an den Zuständigkeiten.« Auf DDR-Territorium gebe es keinen Haftbefehl gegen Abu Daud, die westdeutschen Behörden dürften hier nicht agieren. Und die Israelis? Mit denen sei man in Verhandlungen. Alles sehr merkwürdig, heute würde man das mehr hinterfragen. Schließlich und endlich wurde die Polizeiaktion abgeblasen. Im Nachhinein glaube ich, dass das damals den Verantwortlichen gerade recht war. So musste man keine Fragen beantworten und bestand nicht die Gefahr überraschender Geständnisse durch den festgenommenen Terroristen.

Am nächsten Tag ging unsere Story um die Welt, Journalisten aller Länder kamen daraufhin nach Berlin und ließen sich zeigen, wo der Mann gelebt hatte und wo in Ostberlin PLO-Angehörige von Stasi-Agenten ausgebildet worden waren.

Westdeutsche Polizisten zeigten uns sicherheitshalber, wie man eine Autobombe erkennt und wie man sich taktisch verhält. Sie zeigten uns auch, wie man auf Verfolger achtet und woran man merkt, ob jemand in die eigene Wohnung eingedrungen ist. »Abu Daud wird der Artikel nicht sehr gefreut haben«, sagte uns ein Beamter. Nach einem halben Jahr hörte ich auf, unter meinen schwarzen Fiat Panda zu kriechen und nach Drähten zu suchen.

Jahre später war ich in Israel. Und mein symbolischer Großvater sagte zu mir, nachdem ich die Woche mit Arafat unterwegs gewesen war: »Na, haste deinen Freund gesehen?«

Ich verstand nicht.

»Abu Daud, er ist der Sicherheitsberater von Arafat. Du musst mindestens ein Dutzend Mal neben ihm gestanden haben.« Ich hatte ihn tatsächlich nicht erkannt und bekam eine Gänsehaut bei dem Gedanken, ihm so nahe gewesen zu sein.

Es sollte nicht die einzige Vertuschungsaktion gewesen sein, die sich das Ministerium für Staatssicherheit mit weltweit gesuchten Terroristen geleistet hatte. Etwa zur gleichen Zeit, im selben Sommer, lief eine hochbrisante Nachricht über die Ticker der Zeitungsredaktionen. Die Angehörigen der RAF, der Roten Armee Fraktion, denen das Bundeskriminalamt seit Jahren auf den Fersen gewesen war, sollten nach ihrer Flucht unerkannt in der DDR gelebt haben. Jeder für sich, mit neuer Identität, spießig mit blauem Trainingsanzug und Bier in der Laube am Wochenende und mit FDJ-Versammlung. Und natürlich mithilfe der Stasi. Im Westen gab man sich überrascht, bestürzt, erschüttert. Böse Stasi. Mit meiner heutigen Erfahrung, auch aus dem Nachrichtendienst-Milieu, stelle ich mir allerdings die Frage, ob wir allen Ernstes glauben sollen, dass die westdeutschen Sicherheitsbehörden nicht auf die Idee gekommen sind, dass die linken Terroristen vielleicht beim Feind untergekommen sein könnten. Plötzlich spurlos verschwunden, weg für immer? Oder doch nicht ganz so spurlos? War man im Westen vielleicht ganz froh, dass diese Herrschaften abgetaucht waren und man keinen Ärger mehr mit ihnen hatte? Es folgten die nächsten Generationen der RAF. Festnahmen auf dem Territorium der Bundesrepublik Deutschland hätten wieder zu Unsicherheit in unserem Land geführt. Wieder hätte man Entführungen wie die der Lufthansa-Maschine Landshut und von Politikern fürchten müssen. Ein deutscher Herbst, der nicht aufhörte? Da ist es besser, sie sitzen im Osten und müssen den Kopf einziehen. Das ist zumindest meine Theorie.

Die Meldung scheuchte alle Reporter auf. Wo waren die Terroristen versteckt gewesen? Unter welchen Namen? Unter Verbreitung welcher Legenden? Gab es Fotos? Berichte und Auskünfte von Nachbarn und neuen Freunden? Wussten die Bescheid, arbeiteten vielleicht selbst für die

Stasi? Oder waren sie aufrichtig bestürzt? Die Jagd hatte begonnen. Im Lauf des Tages sickerte aus den Kreisen der Sicherheitsbehörden durch, dass zumindest die gesuchte Terroristin Susanne Albrecht in Ostberlin gewohnt haben soll, unter dem Namen Becker. Niko und ich wurden für die *Berliner Morgenpost* mit der Recherche beauftragt. Wir bekamen die Telefonnummer eines freien Fotografen genannt, der sich für uns bereithielt für den Zeitpunkt, an dem wir die genaue Anschrift der Frau bekommen sollten. Irgendwann bekamen wir von einem Informanten tatsächlich eine Anschrift im Ostteil der Stadt genannt. Wir riefen den Fotografen an, um uns dort mit ihm zu treffen. Er notierte Straße und Hausnummer. Wenig später meldete er sich in der Fotoredaktion und teilte mit, dass er nun einen lukrativeren Auftrag eines großen Nachrichtenmagazins habe und nicht mehr für uns tätig werden könne. Ein Unding. Erstens wechselt man nicht den Auftraggeber, nur weil ein anderer mehr zahlt. Zum anderen hatte er die Adresse der Terroristin von uns bekommen – und sich wahrscheinlich so bei dem Wochen-Magazin eingekauft. Wir waren stocksauer, wollten aber auf keinen Fall aufgeben. Jetzt erst recht nicht.

Niko lenkte seinen Golf durch die Stadt zu der betreffenden Straße in Marzahn. Dort war bereits die Hölle los. Überall standen Fotografen, Redakteure in Anzügen und langen Mänteln, die versuchten, von Anwohnern Informationen zu bekommen. Sie nahmen sie beiseite, damit die Kollegen der Konkurrenz nichts von den Gesprächsinhalten mitbekamen. Einen zeitlichen Vorsprung wollte man sich so erarbeiten. Das klappt nur selten, und manchmal sieht es einfach nur lächerlich aus, wenn die »Vollpfosten« der Branche wie »Schlemihl« aus der Sesamstraße mit einem

Milchkannen-Lieferanten in einem Hauseingang verschwinden und die Brieftasche öffnen.

Niko und ich fragten uns durch das Haus. Fehlanzeige. Die Frau auf dem Foto, das wir den Ostberlinern zeigten, hatten diese noch nie gesehen. Ob sie nun die Wahrheit sagten oder nicht, konnten wir nicht überprüfen. Die Kollegen der anderen Zeitungen, der Fernsehsender und der Radiostationen waren bereits abgerückt. So hatten wir es am liebsten: entweder zuerst am Ort sein oder warten, bis alle anderen verschwunden waren. Dann hatte man den Ort für sich, traf vielleicht jemanden, der erst jetzt von der Arbeit nach Hause kam und von dem Trubel nichts mitbekommen hatte.

Als wir beide wieder ins Freie traten, standen vor dem Haus zwei Männer zusammen. Einer trug Arbeitskleidung, der andere einen weißen Kittel über einer Jeans, die Hände in den Taschen vergraben, etwas längeres Haar. Er wirkte sehr sympathisch. Wir sprachen die beiden an, stellten unsere Fragen wie bei den anderen Mietern auch. Ja, man habe gehört, dass hier eine Terroristin gewohnt haben solle, aber erst heute von den Reportern, sagte der Mann in der Arbeitskleidung. Er steckte sich eine Zigarette an, gab dem Mann im Kittel die Hand und machte sich auf in seine Wohnung. Der andere blieb stehen, es war klar, dass er etwas loswerden wollte.

»So, ihr seid von der *Morgenpost*?«, wollte er wissen. Wir bestätigten das und zeigten ihm zudem unsere Presseausweise.

»Niehbaum mein Name, ich arbeite hier um die Ecke in einem Getränkehandel, da kriege ich eine ganze Menge mit. Einer meiner Kunden ist bei der Stasi«, sagte er und grinste. »Na klar, die Jungs wollen abends auch ein Bier trinken, die führen ein geregeltes Leben«, lachte er laut auf. Um dann wieder ernst zu werden. »Mein Land hier hat viel Scheiße gebaut, Mauer und so. Aber Terroristen zu verstecken, die andere umgebracht haben, das geht zu weit. Ich werde versuchen, euch zu helfen. Mal sehen, vielleicht kann ich dem Stasi-Fritzen was aus dem Kreuz leiern. Der ist eh nicht mehr der Jüngste, und nach einer halben Flasche Braunen kann ich vielleicht was herauskitzeln.« Mit Braunem meinte er Weinbrand.

Wir waren froh gestimmt, der Typ konnte eine gute Anlaufadresse sein. Auch für künftige Recherchen. Dann plötzlich hielt ein großer dunkler Wagen unweit von uns. Zwei Männer stiegen aus, klar als Journalisten zu erkennen, der eine aufgrund seiner Kameras, der andere hatte einen Block in der Hand. Aus Berlin kamen die nicht, dann hätten wir sie kennen müssen. Nein, die kamen aus Hamburg, von einem großen Nachrichtenmagazin, und drängten sich nun mit kaum zu ertragender Arroganz an uns vorbei, um mit dem Mann im Kittel ins Gespräch zu kommen. Der ließ die Herrschaften abblitzen: »Danke, kein Interesse. Ich arbeite mit der *Berliner Morgenpost* zusammen. Einer Zeitung aus Berlin.«

Der Redakteur aus der Hansestadt wollte nicht aufgeben, denn allein die Formulierung »Zusammenarbeit« suggerierte, dass es hier etwas zu holen gab. Eine Spur vielleicht zu den Terroristen. »Wir zahlen für gute Informationen«, sagte der Reporter und holte ein Bündel mit 1000-DM-Scheinen hervor. Den Mann im Kittel schien das nicht zu beeindrucken. »Besten Dank, ich halte es mit den Berliner Kollegen.«

Der Nachrichtenmagazin-Redakteur konnte es nicht glauben und fuhr mit seinem Fotografen davon.

»Warum haben Sie das Geld nicht genommen, es ist

einiges mehr wert als das Begrüßungsgeld?«, fragte ich den Getränkehändler.

»Weil ich unhöfliche Menschen nicht mag. Ihr wart zuerst hier, die zwängen sich dazwischen und wedeln mit Geld. Tut mir leid, Jungs, aber genauso stellt man sich gemeinhin den Wessi vor«, antwortete er. »Ich werde jetzt mal ein bisschen die Ohren aufspannen, kommt in zwei Stunden in mein Geschäft.« Er nannte uns die Adresse.

Niko hielt an einer Wurstbude und bestellte sich eine »Grilletta«, so hieß im Osten die Bulette mit Currysoße. Kauend orderte er noch eine Club-Cola und meinte zu mir: »Vielleicht haben wir Glück. Is zwar ein bisschen ungewöhnlich, dass der Kerl diese Summe ausgeschlagen hat, aber vielleicht steht er ja wirklich nicht auf arrogante Typen von der Alster.«

Zur verabredeten Zeit fuhren wir zu dem Getränkehandel des Mannes. Mehr ein Händelchen denn ein Handel: ein kleiner Raum mit einer alten Registrierkasse. An den Wänden standen Kisten mit DDR-Produkten: Cola, Brause, Mineralwasser, Bier – sogar alkoholfrei, aber es schmeckte scheußlich. Niehbaum stand hinter einem kleinen Tresen, spendierte uns ein Wasser und sprach leise. »Ich habe den Stasi-Knilch mal angerufen. Auch wenn ihr es nicht glauben werdet, auch er findet es scheiße, dass solche Monster hier versteckt worden sind. Er selbst war in die Operation nicht eingebunden, aber in Stasi-Kreisen sind diese neuesten Enthüllungen das Gesprächsthema Nummer eins. Viele der Offiziere sind jetzt für absolute Transparenz, weil sie sich erhoffen, auf diesem Weg einen Job bei den westdeutschen Sicherheitsbehörden zu bekommen, anstatt in den Knast zu gehen. Wo einige auch hingehören, wenn ihr mich fragt.«

Der Mann öffnete die alte Kasse und holte einen kleinen Zettel hervor. Darauf standen ein Straßenname und eine Hausnummer. »Da soll die Becker wohnen. Es ist den Angaben des Stasi-Menschen nach so, dass im gleichen Haus wie die zu versteckende Person immer ein Führungsoffizier des MfS wohnt. Also passt auf.«

Wir versuchten, unsere Aufregung zu verbergen, als wir zum Auto gingen. Die Anschrift war nicht allzu weit entfernt, vielleicht 15 oder 20 Minuten. Als wir ankamen, verdrehten wir beide die Augen. Ein Plattenbau, aber ein richtiger. Scheinbar endlos zog sich das Gebäude in die Höhe, Balkone reihten sich aneinander und machten uns klar, wie viele Klingeln wir würden drücken müssen, stünde der Name Becker nicht auf einem der Klingelknöpfe. Wie nicht anders zu erwarten, stand er nicht an dem Tableau, und wir recherchierten uns durch das ganze Haus. Anschließend warteten wir vor der Tür, weil immer noch Mieter von der Arbeit kamen. Aber niemand kannte die Frau auf dem Foto. Ja, aus den neuesten Nachrichten, der Name sei im Radio genannt worden. Aber hier im Haus? Fehlanzeige.

Gefrustet fuhren wir wieder zu Niehbaum, der das Ganze nicht glauben konnte. »Die Quelle ist gut. Lasst es mich weiter versuchen. Heute ist es schon spät, kommt morgen früh wieder.«

In der Redaktion wurde Unmut laut, weil wir nicht richtig vorankamen. Was wir denn da für einen Faseler aufgetan hätten. Wir hielten aber an ihm fest und standen am nächsten Morgen Punkt 8 Uhr wieder auf der Matte.

Niehbaum war in seinem Laden, trug denselben weißen Kittel, darunter aber ein anderes Hemd als am Vortag. »Guten Morgen«, sagte er fröhlich. »Irgendwer hat etwas verwechselt. Das hier ist die richtige Anschrift. Viel Glück.«

Wir stiegen in Nikos Wagen und steuerten die Adresse an, die da mit Bleistift auf den Zettel geschrieben stand. Und wieder verdrehten wir die Augen, denn wieder war es ein Wohnsilo mit Dutzenden Wohnungen, und obwohl wir nicht alle Mieter erreichten, weil viele an ihrer Arbeitsstelle waren, brachen wir gegen Mittag ab. Es schien klar, dass wir auch in diesem Fall eine Niete gezogen hatten. Wir fuhren zurück zu unserem Informanten. Der wurde wütend, als wir ihm von dem neuerlichen Misserfolg berichteten. »Jetzt reicht's mir aber. Ich rufe den Kerl jetzt an.« Damit setzte er sich auf den Tresen, stellte einen grauen Telefonapparat auf ein Knie und steckte seinen Bleistift in die Löcher der Wählscheibe. Am anderen Ende der Leitung wurde abgenommen, das konnten wir hören.

»Sag mal, was ist denn hier eigentlich los? Die Adresse stimmt wieder nicht. Willst du mich auf den Arm nehmen?«, hörten wir den Getränkehändler sagen. »Nein. So was kann einmal passieren, aber nicht zweimal. Die Herren hier müssen mich ja für einen Mega-Deppen halten«, sagte er scharf und zwinkerte uns dabei zu. »Okay. Wehe, das ist wieder ein Reinfall.«

Er legte auf und notierte etwas mit seinem Bleistift auf einem Stück Papier. »Ich glaube, die wollten Zeit gewinnen. Die hier soll es nun sein.« Ich steckte den Zettel ein. Niko sagte kaum etwas.

Um es zu verkürzen – auch diese Anschrift stimmte nicht. Und wir waren so wütend, dass wir gar nicht mehr zu Niehbaum fuhren, sondern gleich in die Redaktion. Wir berichteten dem stellvertretenden Chefredakteur, und ihm war anzusehen, dass er nicht sauer auf uns war, sondern ebenso gefrustet wie wir selbst. Er rauchte wie üblich seine Pfeife, dann fiel ihm etwas ein. »Es gibt einen relativ bekannten Kripo-Ermittler der Volkspolizei, der sich selbstständig gemacht hat. Er arbeitet als Privatdetektiv. Vielleicht kann er uns helfen. Geht was essen, ich rufe ihn in der Zwischenzeit an.«

Nach einer halben Stunde standen wir wieder in dem Büro mit den Ledersesseln. »Wir hatten Glück, das Info-Honorar war fair. Mir wurde ein Haus genannt, in dem für Susanne Albrecht zumindest zeitweise eine Wohnung angemietet worden sein soll. Es liegt in Marzahn, an der Allee der Kosmonauten. Die ist ziemlich lang, aber ich habe eine Hausnummer. Und nun holt sie euch. Gute Jagd.«

Das ließen wir uns nicht zweimal sagen, zehn Minuten später fuhren wir wieder durch den Ostteil der Stadt und fanden schnell die Anschrift. Wir parkten um die Ecke und gingen zum Haupteingang des Plattenbaus. Ich suchte das große Schild mit den Klingelknöpfen und den darunter eingravierten Namen ab. Dann schlug mein Herz schneller. »Niko, hier, tatsächlich. Becker.«

Mein Kollege zog die Augenbrauen hoch. »Schau mal eine Reihe darüber.«

Ich tat es, und mein Herz schlug noch schneller. »Niehbaum« stand dort. »So viel zum Thema Führungsoffizier«, sagte Niko und drückte den Knopf zu dem Namen des Mannes, der uns quer durch die Stadt gescheucht hatte. Der Summer ging, und wir nahmen die Stufen bis zur Wohnung von Niehbaum. Der stand in der geöffneten Tür, in weißem Unterhemd, blauer Trainingshose und Filzpantoffeln – das Klischee des DDR-Bürgers nach Feierabend.

»Was macht ihr denn hier?«, fragte er weniger fröhlich als sonst.

Der kleine Waisenjunge Sami in Sarajevo: Er sieht mich jedes Mal an, wenn ich mein Arbeitszimmer betrete. Foto: Michael Behrendt

Mit einem Blauhelm-Fallschirmjäger in Mostar, Bosnien-Herzegowina.
Foto: Yorck Maecke

Johannesburg, April 1994: Die Innenstadt wurde vor den ersten freien Wahlen
Schauplatz eines blutigen Massakers. Foto: Michael Behrendt

Von einer Sekunde auf die andere schossen Demonstranten, Sicherheitsleute
und Spezialeinheiten aufeinander. Ich blieb unverletzt. Foto: privat

SEK-Beamte nach einem »Hausbesuch« bei den Hells Angels. Der Autor als Augenzeuge rechts im Bild. Foto: Thomas Schröder

Freund und Kollege Sergej Glanze und ich mit einer maritimen Einheit des Berliner SEK.

Geiselbefreiungstraining mit GSG9-Angehörigen und Auslandspersonenschützern der Bundespolizei.

Berlin bei Nacht: Bereitschaftspolizisten nehmen einen Drogendealer fest. Nicht selten sind die Beamten dabei in Lebensgefahr.

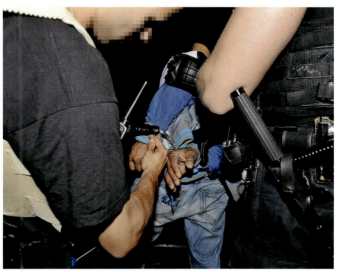
Schutzwesten gehören bei Polizisten und Reportern »im Außendienst« längst zum Standard. Fotos: Sergej Glanze

Berlin, November 1990: Bürgerkriegsähnliche Zustände während der Krawalle rund um die Mainzer Straße. Foto: Michael Behrendt

Häuserkampftraining mit Beamten des Brandenburger Spezialeinsatzkommandos an einem geheimen Ort bei Berlin. Foto: Sergej Glanze

Mein Freund »Höppi« am Grab seines SEK-Teamkameraden, der beim Sturm einer Wohnung ums Leben gekommen ist. Foto: Michael Behrendt

Mit Kaufhauserpresser Dagobert, den ich als Reporter gejagt hatte, nach einem Interview über den Dächern Berlins. Foto: Amin Akthar

»Die letzte Adresse von dir stimmte nicht, aber wir haben Susanne Albrecht gefunden«, sagte ich.

»Ehrlich. Klasse. Und wo wohnt sie nun?«

»Du wirst es nicht glauben«, sagte Niko.

»Nun macht es nicht so spannend. Wo denn?«

»Eine Etage unter dir.«

»Nein. Nein, das gibt's nicht. Das gibt's ja nun wirklich nicht. Bei mir im Haus? Das darf nicht wahr sein.«

Niehbaum wollte uns an diesem Tag kein Interview geben. Und auch an den nächsten Tagen nicht. Und wie der Zufall es so wollte, durfte ich auch kein Foto von ihm machen. Um es mit seinen Worten zu sagen: »Ich glaube, die wollten Zeit gewinnen.«

Wie oft genau die gesuchte Terroristin hier geschlafen hatte, wurde nicht im Detail ermittelt. Aber die Wohnung war in jedem Fall für sie angemietet worden – und der Genosse für sie abgestellt. Als Abfangjäger sozusagen.

Seilschaften

Der DDR-Geheimdienst war stark ideell motiviert. Es ging den Genossen um die große Sache im Sinne der Vordenker, nicht um strategische Spiele wie das rechtzeitige Sichern von Energiereserven, notfalls durch Kriege. Die Angehörigen des Ministeriums für Staatssicherheit in Ostberlin handelten aus politischen Motiven, so falsch diese auch gewesen sein mögen, Motive, die sich in der grausamen Fratze der Ungerechtigkeit zeigten, wenn Andersdenkende nachts abgeholt und weggesperrt wurden, ohne zu wissen, worum es eigentlich ging. Es vergingen Wochen und Monate, ohne dass die Angehörigen den Verbleib erfuhren. Dann, nach vielleicht eineinhalb Jahren, gab es einen Prozess und eine Haftstrafe. Ein ranghoher Stasi-Offizier nannte ebendiese Andersdenkenden und nach Freiheit strebenden Menschen einst im Fernsehinterview Schädlinge. »Freiheit ist die Freiheit der Andersdenkenden«, sagte Rosa Luxemburg. Ich halte es mit ihr.

Was ich damit sagen will: Meiner Meinung nach hat die Bundesrepublik und haben dabei insbesondere ihre Sicherheitsbehörden beziehungsweise die Nachrichtendienste die DDR unterschätzt. Nur weil das Land Aluminium-Geld hatte und stets knapp an Bananen war, hieß das nicht, dass der ostdeutsche Geheimdienst schlecht war. Noch dümmer war die arrogante Vermutung, dass diese über Jahrzehnte festgezurrten Strukturen aufgelöst wurden, und zwar von der DDR-Seite selbst, nur weil die Wende kam. Es fiel die Mauer, aber nicht die Ideologie. Die Stasi hatte sich metastasengleich in alle Formen der westlichen Gesellschaft eingebracht. Und da wollte sie bleiben. Wer will ernsthaft glauben, dass die Genossen ihre Waffen abgaben und sagten: »Okay, wir haben verloren, wir gehen jetzt auf unsere Datscha und warten auf die Rente.« Unfug. Nicht alle MfS-Mitarbeiter waren bereits alte dicke Genossen, als der Eiserne Vorhang fiel. Es gab auch damals Endzwanziger und Anfangdreißiger. Und die hatten noch ihr ganzes Leben vor sich.

So bekamen mein Kollege Dirk und ich vor wenigen Jahren einen Tipp zu einer noch existierenden Stasi-Seilschaft in einem großen bekannten Unternehmen. Dieses Unternehmen hatte einen Subunternehmer, der für die gesamte Logistik hinsichtlich Fahrwesen und Fuhrpark verantwortlich war – ein Millionengeschäft. Unser anonymer Informant, wir kennen seine wahre Identität bis heute nicht, machte uns darauf aufmerksam, dass mehrere Mitarbeiter des Subunternehmens ihren Job verlieren sollten. Hintergrund: Sie hatten herausgefunden, dass etliche ehemalige hauptamtliche Mitarbeiter des Ministeriums für Staatssicherheit an einflussreicher Stelle des großen Unternehmens tätig waren, wo sie sich gewissermaßen finanziell eingruben. Die Geschäftsleitung sei informiert worden, doch die Ex-Stasi-Leute – eine Überprüfung der offiziellen Mitarbeiter ist schnell möglich – wurden nicht entlassen. Vielmehr liefen – wie der Zufall es so will – die Verträge derjenigen aus, die diesen Missstand gemeldet hatten. Ein Unding.

Wir nahmen uns der Sache an und trafen uns mehrfach mit einem Mitarbeiter der Geschäftsführung. Der war bass erstaunt, versprach Aufklärung und vermittelte schließlich ein Gespräch mit dem Geschäftsführer selbst.

An einem Frühlingstag hatten wir einen Termin mit dem Mann. Er war aalglatt, eiskalt, trug Anzug und Designerbrille. Auf seinem Schreibtisch stand ein gerahmtes Foto seiner Frau, aufgenommen von einem professionellen Fotografen, aber einem, der eher in ländlichen Gegenden unterwegs zu sein schien. Haltung und Gestik der Frau wirkten einfallslos, der Rahmen war sicher teuer gewesen, aber er war geschmacklos, irgendwie spießig. Den Mann wollte ich niemals als Chef gehabt haben. Er strich sicher, ohne mit der Wimper zu zucken, auf einer Personalliste Namen durch, wenn es Profit versprach.

Von den Stasi-Verstrickungen wollte er nichts wissen, und die auslaufenden Verträge der Mitarbeiter, die auf den Missstand hingewiesen hatten, hätten schlicht etwas mit Fristen zu tun, das sei alles.

Wir recherchierten weiter – und wir fragten eine mögliche Stasi-Akte des Geschäftsführers an. Es dauerte ein paar Wochen, dann wurden wir von der Behörde des Bundesbeauftragten für die Stasi-Unterlagen (BStU) angerufen. Tatsächlich existierte eine Akte über den Geschäftsführer. Es gab handschriftliche Berichte von ihm, die er mit einem Decknamen unterschrieben hatte. Berichte, in denen er sich über Studienkollegen an der Universität ausließ, ob sie tranken oder nicht, mit Einschätzungen über charakterliche Eigenschaften. Eine geplante Flucht wurde verraten. Ein Widerstandskämpfer und Systemgegner war der Mann in jedem Fall nicht. Die Akte machte die Seilschaften klar. Eine Krähe hackt der anderen kein Auge aus, so abgedroschen der Satz auch sein mag.

Dirk und ich vereinbarten einen weiteren Termin mit dem Geschäftsführer, der zu uns stets freundlich gewesen war. Wir betraten das Büro, der Mann trug wieder einen teuren Anzug und beendete gerade ein Telefonat. Dann bot er uns Platz an einem Tisch vor seinem Schreibtisch an. Wir hatten alle Eventualitäten einkalkuliert – dass er anfängt zu heulen, dass er aus dem Fenster springt oder dass er eine Waffe aus seiner Schreibtischschublade zieht und angesichts des nahenden Endes seiner Karriere um sich schießt. Dirk saß am Tisch, ich stand am Fenster und behielt den Mann im Auge – und seine Schreibtischschublade.

Dirk eröffnete das Gespräch: »Wir haben eine Akte gefunden, die Sie sich einmal anschauen sollten.«

Der Mann verließ seinen Schreibtisch und setzte sich zu Dirk. An die Schublade konnte er jetzt nicht mehr gelangen, und ich ging davon aus, dass er keine Waffe am Körper trug. Ich setzte mich neben ihn, behielt ihn aber weiterhin im Auge. Wie Dirk auch. Der Mann öffnete die Akte und begann zu lesen. Die sonst so straffe Körperhaltung verschwand, die Farbe wich aus seinem Gesicht.

»Die kenne ich gar nicht.«

Dirk sah ihn an und legte den Kopf schief. »Wollen Sie uns auf den Arm nehmen? Das sind Ihre Personalien.«

Ich zeigte auf eine Stelle in einem der Berichte. »Und das ist Ihr Deckname.«

Der Mann kam ins Schlingern. Er bangte um seine berufliche Existenz. Und auch um seine private, wie wir später erfahren sollten. Ja, er habe vielleicht mal einen Bericht über einen Studentenfreund geschrieben, aber das sei ja normal gewesen. Das hätten alle gemacht. Stasi? Nein, das hätte er doch gemerkt.

Doch irgendwann gab er auf. Fliegen habe er wollen. Bei der Armee. Er habe schon bei der Gesellschaft für Sport und Technik in Flugzeugen gesessen. Das sei seine Bestimmung gewesen. Für den Traum habe man mit dem System kooperieren müssen. Aber Stasi? Nein, niemals. Da seien Männer gewesen, die Fragen gestellt hätten. Aber Stasi? Nein. Der Mann schwitzte. Er lieferte Argumente und Erklärungen, aber er war fast schachmatt.

»Die haben meine Einschätzungen über Kollegen, auch gute, zusammengesetzt und mir zugeordnet. So lese ich die Akte«, sagte der Mann.

»Und der Deckname?«, wollte ich wissen.

»Das ist gar nicht meine Handschrift«, konterte er mit fester Stimme, wahrscheinlich hoffend, vielleicht ein letztes Mal überzeugend zu sein. Ich legte ihm ein Blatt Papier und einen Stift hin. »Dann mal los.«

Er nahm den Stift, schrieb den Stasi-Decknamen auf und warf dann entwaffnend lächelnd den Kuli auf den Tisch. »Was soll's.« Die Schriften waren identisch.

Der Geschäftsführer und Ex-Stasi-Spitzel erbat sich Zeit. Am nächsten Tag wolle er zu uns in den Verlag kommen. Wir gaben ihm diese Zeit.

Auf dem Weg zum Auto fragte Dirk: »Was macht der jetzt? Legt der sich um? Besäuft er sich?«

»Der bringt sich nicht um, dafür ist er zu gerissen. Der wird zu Hause einiges zu klären haben«, antwortete ich meinem Freund.

Tags darauf um 12 Uhr erschien der Geschäftsmann in der Passage unseres Verlagshauses. Er trug wieder einen Anzug, wieder die Designerbrille, war wieder glatt rasiert.

Aber er sah müde aus. Wir bestellten Kaffee an der »Mittelbar«, dann händigte er uns beiden je ein Blatt Papier aus. Darauf war seine Lebensbeichte niedergeschrieben, dass er für die Stasi gearbeitet hatte, von wann bis wann, weitere Einzelheiten. Zumindest war er ehrlich.

»'ne Scheißnacht, oder?«, fragte ich ihn.

»Ja, meine Frau kannte meine Vergangenheit nicht. Das war schlimm.«

»Wir werden fair berichten und Sie mit dem zu Wort kommen lassen, was Sie hier zu Papier gebracht haben«, sagte Dirk.

»Müssen Sie denn berichten? Ich meine, müssen Sie darüber schreiben?« Der Mann weinte.

»Ja, das müssen wir. Weil die anderen, die, deren Verträge nicht verlängert wurden, auch geweint haben«, sagte ich ihm. Er gab uns die Hand und verließ das Verlagsgebäude. Am nächsten Tag stand die Story in der Zeitung. Mit allen Details.

Monate später erfuhren wir, dass der Geschäftsmann wieder Fuß gefasst hat. Gleiches Einkommensniveau, gleiche Branche. Unkraut vergeht nicht.

Flucht

1987. Ich war ein junger Reporter, heiß, wollte Geschichten machen, Menschen interviewen, Storys schreiben. Etwas erleben. Ich nahm jeden Auftrag an damals, als freier Mitarbeiter bei der *BILD*-Zeitung in Berlin. Zu der Zeit machte ich meine ersten Schritte als Polizeireporter. Eines Tages hatte mich der Lokalchef angesprochen und gefragt, ob ich nicht zwei- oder dreimal in der Woche den Spätdienst der Polizeireporter übernehmen wollte, von 14 bis 22 Uhr. Ich sagte sofort zu. Stündlich musste man die Pressestelle der Polizei und später das Lagezentrum anrufen, die örtlichen Kripo-Einheiten und die Nummer der Feuerwehr, auf die ein Anrufbeantworter geschaltet worden war, auf den die neuesten Ereignisse gesprochen wurden – wenn es denn welche gab. Jeder Anruf konnte eine Story bedeuten, und ich rief öfter als nur einmal in der Stunde an.

Dann, eines Tages, klingelte mein Telefon. Die Sekretärin stellte mir einen Anruf durch. »Hör dir das mal an. Kann aber auch ein Spinner sein.«

Ich sagte meinen Namen in den Hörer. Am anderen Ende der Leitung war die Stimme einer älteren Frau zu hören. »Hallo, sind Sie ein Reporter?«, wollte sie wissen. Ich bejahte dies.

»Unser Sohn wird heute flüchten.« Es war das Jahr 1987, die Mauer stand noch, Berlin war von Feinden umzingelt, der »antifaschistische Schutzwall« sollte erst zwei Jahre später fallen.

»Wann will Ihr Sohn flüchten? Von wo?«

»Am Checkpoint Charlie. Er will zu uns in den Westen.«

»Und warum sind Sie im Westen, wenn Ihr Sohn in der DDR lebt?«

»Wir durften mit 65 Jahren ausreisen, er blieb zurück. Heute will er das ändern, und wir finden, die Presse soll darüber berichten, was diese verdammte Mauer mit Familien macht.«

»Werden Sie da sein?«

»Natürlich. Mein Mann auch. Wir wollen ihn schließlich sofort in die Arme schließen.« Zögernd fügte sie hinzu: »Wenn alles gut geht.«

Ich schaute auf die Uhr. Es war 12 Uhr. »Wann soll es passieren?«

»Um 13 Uhr. So ist der Plan.«

»Wo sind Sie jetzt?«

»In einer Telefonzelle. Wir werden gegen 12.45 Uhr dort sein.«

»Woran erkenne ich Sie?«

»Ich werde eine *BILD*-Zeitung unter dem Arm tragen.«

Das war ja wie im Film.

»Okay. Ich werde da sein.«

Ich stürzte zu meinem Lokalchef und berichtete ihm von dem Telefonat. »Na, ob das stimmt.«

»Aber wenn es stimmt, dann ist es eine Riesen-Sache.« Der Chefreporter hatte sich eingemischt. Er war damals Ende 50, zuständig für die Gerichtsberichterstattung – ein alter Hase. »Geh hin, schnell. Und nimm zwei Fotografen mit.«

Wenig später saß ich im Jeep von Dieter. Festangestellter Fotograf, lange Locken, breites Lachen, Motorradfan. Ich arbeitete gern mit ihm zusammen. Wir hätten auch laufen können, aber wer wusste schon, wie sich eine solche Geschichte entwickelte. Lieber 500 Meter im Auto zurücklegen, als im Notfall 500 Meter mit voller Ausrüstung zum Verlag rennen zu müssen, um den Wagen zu holen. Außerdem hatten wir CB-Funk im Auto – Handys gab es damals noch nicht. »Phönix 1 unterwegs«, sprach Dieter in das Gerät und zündete sich eine Zigarette an. »Dann mal los, mein Kleiner«, sagte er und trat auf das Gaspedal seines schwarzen Jeep Wrangler. Hinter uns fuhr der zweite »Lichtbildhauer«, wie sich die Fotografen untereinander nannten: Harald, ebenfalls ein alter Hase mit vielen Jahren Erfahrung auf dem Buckel. Nach nicht einmal zwei Minuten Fahrt erreichten wir den vereinbarten Ort an der Kochstraße. Wir parkten so, dass uns die Grenztruppen nicht gleich sehen konnten. Auf dem Gehweg standen ein älterer Herr und eine etwa gleich alte Frau. Sie hatte eine Zeitung unter dem Arm, und wir sprachen sie an. Der Mann hielt sich zurück, seine Frau übernahm das Reden. Sie tat es sehr leise, als befürchtete sie, auf dieser Seite der Grenze bereits von der DDR-Staatsmacht abgehört zu werden. Sie berichtete uns von dem Abschied von ihrem Sohn, der so wehgetan habe, als sie nach Jahren des Eingesperrtseins die Chance nutzten, den Ausreiseantrag zu stellen und die letzten Lebensjahre in Freiheit zu verbringen. Sie sprach von ihrer Hoffnung, dass diese Zeit der Trennung heute enden würde, und davon, dass ihr Sohn erneut hatte Abschied nehmen müssen, weil er Ehemann und Familienvater sei, aber die Hoffnung hatte, seine Angehörigen nachholen zu können – wenn die Menschen da draußen von dem Schicksal erfuhren. Diesen Part sollten wir übernehmen. Und das wollten wir gern tun. Wir sprachen uns schnell ab. Dieter und ich wollten auf einen der Aussichtstürme gehen, Harald wollte sich hier unten herumtreiben. Die beiden Fotografen hatten Probleme, ihre großen Teleobjektive zu verstecken, denn es war Sommer, und lange Mäntel wären den Grenztruppen sicher aufgefallen. Irgendwie gelang es dennoch, jedenfalls schöpften die Grenzer in ihren Türmen auf der anderen Seite keinen Verdacht. Ich hatte dennoch ein beklemmendes Gefühl, denn schließlich trugen die Soldaten Kalaschnikows, und es war bekannt, dass sie diese auch einsetzten, wenn es aus Sicht der Partei nötig wurde. Wir sahen auf die Uhr – es war kurz vor eins. Die Grenzer beobachteten uns, aber das taten sie wahrscheinlich bei jedem. Kleine Machtspielchen, wer zuerst wegschaut, hat verloren. Am liebsten hätte ich sie mit Eiern beworfen. 13 Uhr.

»Eine schaffen wir noch«, sagte Dieter und steckte sich eine Winston an. Unten schaute Harald in Richtung der Grenzanlagen. 13.02 Uhr. Ich sah mich nach den Eltern des jungen Mannes um, der da gleich in die Freiheit rennen wollte. Ich erkannte sie, weit weg von der Grenzlinie. Sie hatten sicher Angst, durch ihre Anwesenheit die Pläne ihres Sohnes zu verraten. 13.03 Uhr. Dieter schnippte seine Kippe weg. »Ob da noch was passiert?«

Plötzlich kreischten Alarmanlagen. Schranken schlossen sich automatisch. Wir schauten in Richtung des DDR-Territoriums. Mehrere Grenzer liefen hektisch hin und her. Sie suchten ein Ziel, noch hatte der Alarm seinen Grund nicht erkennbar werden lassen. Dann kam ein junger Mann ins Bild. Er bewegte sich schnell, wich wie ein Footballspieler den sich in den Weg stellenden Angehörigen der Grenztruppen aus. Der Motor von Dieters Nikon ratterte.

Ich stürzte den Turm hinunter, zu Harald, der ebenfalls die Kuppe seines rechten Zeigefingers auf den Auslöser drückte. Wir bewegten uns auf die Grenzlinie zu, Touristen machten Fotos, ein zufällig anwesendes Fernsehteam aus Italien filmte, und Harald und ich befanden uns fast auf DDR-Gebiet, als der junge Mann seinen Lauf kurz verzögerte, weil sich ihm wieder ein Grenzer in den Weg stellte. Dann umzingelte ihn der Überwachungsstaat und schlug im wahrsten Sinne des Wortes von allen Seiten zu. Der junge Mann hatte keine Chance. Er wurde überwältigt und schrie, als man ihm den Arm umdrehte und ihn abführte. Harald und ich hatten ihn fast erreicht. Doch wären wir noch weitergegangen, dann hätten uns die Grenzer schnappen können.

Wir kamen wenig später zusammen, dann gingen wir gemeinsam zu den Eltern des jungen Mannes, der zum gleichen Zeitpunkt sicherlich in einer der Baracken geschlagen und anschließend zur Vernehmung ins Stasi-Untersuchungsgefängnis nach Hohenschönhausen gefahren werden würde. Die Eltern hatten Tränen in den Augen, doch die Frau schaute tapfer zu mir auf. »Jetzt können wir nur hoffen, dass man ihn freikaufen wird.« Sie erzählte uns ein paar Hintergrundinformationen zu ihrem Sohn. Fotografieren lassen wollten sie sich nicht, aus Angst vor den Stasi-Agenten, denn die passierten die Grenze zum Westen ohne Kontrollen und kehrten ungesehen zurück – nachdem sie anderen Menschen Leid angetan hatten. Die beiden verschwanden Richtung Tempelhof. Die Aufregung am Grenzübergang war vorüber.

Wir setzten uns in Dieters Jeep und fuhren Richtung Verlag. »Phönix 1 an Phönix«, sagte er ins Mikrofon, und dann meldete sich die Fotochefin, die Lebensgefährtin des Fotografen. »Eine Sequenz von 34 Bildern, wir kommen rein.«

»Das gibt es nicht«, brachte sie hervor. »Ich renne gleich zum Chef.« Wenig später erreichten wir die Redaktionsräume im siebten Stockwerk. Während Harald und Dieter gleich darauf den Lift zum Fotolabor nahmen, um die Filme entwickeln zu lassen, saß ich im Büro des Redaktionsleiters. »Wir machen damit auf, und drinnen im Blatt geht's weiter. Gut gemacht, Junge. Du schreibst das Ding mit Hotte.«

Hotte war der alte Chefreporter, damit hatte ich kein Problem, wohl aber damit, dass ich meinen Namen nicht über die Story schreiben durfte: Die Redakteure hatten Angst, dass ich Probleme mit der DDR-Staatsmacht kriegen könnte. Ich leistete Widerstand, und schließlich gab es den Kompromiss, dass mein Kürzel, also die Initialen meines Namens, unter die Story kamen. Dann ging die Sache in Druck, viele Zeitungen und Fernsehsender kauften unsere Bilder, die Geschichte ging in die Welt. Es war keine Spinnerin am Telefon gewesen.

Wenige Tage später wollte ich meine Eltern in Norddeutschland besuchen, dafür musste ich die Transitstrecke nehmen, durch die DDR. Ich versteckte meinen Springerausweis in meinem Schuh und fuhr in Reinickendorf auf die Grenzanlagen zu. Dort wurde einem der Pass abgenommen, er gelangte auf ein Fließband zu einem anderen Angehörigen der Grenztruppen, der ihn kontrollierte. Man stand mit seinem Wagen an einer weißen Linie, dann wurde man herangewunken. Meistens waren die Grenzer unfreundlich, ich hatte Glück an diesem Abend, der Mann lächelte und fragte freundlich, wohin des Weges. Ich berichtete, dass ich zu meiner Familie fahren wollte. Dann sah der Mann erneut auf das Gerät, das vor ihm stand und von mir nicht eingesehen werden konnte. »Herr Behrendt«, sagte er dann. »Fahren Sie bitte einmal rechts heran und stellen den Motor ab.«

Mich beschlich ein ungutes Gefühl. Geschätzte zwei Stunden stand ich dort, und niemand kümmerte sich um mich. Dann erschien ein Grenzer mit meinem Pass. »Entschuldigen Sie, ein Missverständnis. Gute Weiterfahrt.«

Ich war erleichtert und verunsichert zugleich. Innerhalb der Grenzanlagen gab es ein Tempolimit, mehr als 30 Stundenkilometer waren nicht erlaubt. Hatte man die Terminals verlassen, wurde die Geschwindigkeitsbegrenzung per Schild aufgehoben. Aber ich musste ebendiese Freigabe übersehen haben. Also fuhr ich weiter mit Tempo 30, obwohl man 100 fahren durfte. Es dauerte nicht lange, bis ich im Rückspiegel einen Wagen der Volkspolizei erkannte. Er überholte mich, was nicht schwer war, so langsam, wie ich dahinfuhr. Der Polizist auf dem Beifahrersitz kurbelte die Seitenscheibe herunter, als der Wartburg in Höhe meines linken vorderen Kotflügels war, und bedeutete mir mit einem schwarz-weißen Holzstab, anzuhalten. Ich stoppte wie befohlen auf dem Seitenstreifen, und die Polizisten stiegen aus dem Wagen. An meinem Fenster angekommen, sagten sie sogar recht freundlich und in sächsischem Dialekt, dass ich doch so langsam nun nicht zu fahren brauchte. Sie erbaten meinen Fahrzeugschein und meine »Fahrerlaubnis«, dann gingen sie zurück zu ihrem Einsatzwagen, um meine Personalien zu überprüfen. Wie der Zufall es wollte, dauerte es wieder 45 Minuten, bis ich meine Fahrt fortsetzen konnte. Als ich den Grenzübergang in Zarrentin überqueren wollte, musste ich nach der Passkontrolle erneut rechts ranfahren, »man wird sich gleich um Sie kümmern«. Knapp drei Stunden tat das niemand, bis ein Grenzer kam und erneut wegen eines Missverständnisses um Entschuldigung bat. Die Redakteure hatten mit ihrer Angst die Autorenzeile betreffend recht gehabt. Damals wurde mir klar: Auch wenn der DDR-Staat in Fünf-Jahres-Plänen dachte und Südfrüchte nur zum Jahresende in den Auslagen zu finden waren, der Geheimdienst war professionell und, jenseits aller Moral betrachtet, schnell und effektiv. Glücklicherweise nur noch zwei Jahre lang, das wussten wir damals allerdings nicht.

Nazis

Dem Staat wird immer vorgeworfen, auf dem rechten Auge blind zu sein. Schnell heißt es da, die Linken würden regelmäßig um den Block getrieben und die Polizei würde die Nazis beschützen. Sicherlich, es ist für den Außenstehenden nicht nachvollziehbar, wenn die Polizei gegen Punker, junge Eltern mit Kindern, Lehrer und ihre Schüler, aber auch gewaltbereite Linksbündnisse vorgeht, die sich einem NPD-Aufzug in den Weg stellen, und manchmal sogar selbst Gewalt anwendet, um den Aufzug zu ermöglichen. Sosehr es uns auch stören mag: Die NPD ist nicht verboten, und somit hat die Partei das Recht, ihr Programm öffentlich zu machen. Das sind die Schattenseiten einer Demokratie. Aber das muss eine Demokratie aushalten.

Doch gerade Berlin, und das kann ich mit Fug und Recht als Augenzeuge in vielen Situationen sagen, hat den Neonazis und Skinheads mächtig die Stirn geboten. Keine Länderpolizei in Deutschland hat den Braunen so sehr in die Suppe gespuckt und sie um den Block gejagt wie die Berliner Polizei. Das geben mittlerweile auch manche Linke zu, aber nur hinter vorgehaltener Hand. Ein Berliner Polizeiführer scheint es sich gar zur Lebensaufgabe gemacht zu haben, jegliche Aktionen rechter Gruppierungen bereits im

Keim zu ersticken. Auch heute, nicht mehr fern der Pensionierung, geht ihm dieser Ruf voraus.

Anfang der 90er-Jahre, kurz nach dem Mauerfall, hatten sich die Neonazis vor allem in Lichtenberg angesiedelt. Es gab einschlägige Kneipen, und auch wenn viele Politiker dies nicht gern lesen werden, gab es Teile der Stadt, in denen man sich als Mensch dunkler Hautfarbe oder erkennbar jüdischen Glaubens besser nicht aufhielt. Mein Kollege Niko und ich hatten zu dieser Zeit einen Tipp bekommen, in welcher Kneipe sich die Rechtsradikalen in den Abendstunden aufhielten. Eines Abends fuhren wir dorthin, setzten uns an einen der Tische und bestellten ein Bier. An zahlreichen Nachbartischen saßen Neonazis. Sie waren unschwer zu erkennen an den rasierten Schädeln und der damals klassischen Kleidung: grüne Bomberjacke, Jeans, Springerstiefel. Wir passten nicht hinein in diese Kulisse, und die Typen wurden schnell auf uns aufmerksam. Statt darauf zu warten, dass sie uns ansprachen, wollten wir lieber selbst die Initiative übernehmen. Niko war dreist, schaute einen der Rädelsführer direkt an und sagte mit fester Stimme, er solle doch einmal zu uns kommen. Es wurde leiser in dem Lokal, aber der Mann kam, zusammen mit einem Gesinnungsgenossen. Niko redete nicht lange um den heißen Brei herum: »Wir sind von der *Morgenpost*, und wir wollen eine Story über euch schreiben.«

Das saß. Die beiden guckten sich an. »Warum?«

Ich ergriff nun das Wort. »Weil alle Angst vor euch haben. Wir wollen wissen, wer ihr seid. Was ihr tut. Warum ihr es tut. Was ihr denkt.«

Die beiden standen auf. »Wir kommen gleich wieder«, sagte der Anführer und ging mit mehreren Begleitern vor das Lokal. Nach fünf Minuten kamen sie wieder herein.

Das Ganze war nicht unheikel, in der Kneipe waren bestimmt 20 »Glatzen«, und wenn die sich entschieden haben sollten, der Presse aus dem Westen eins auf die Mappe zu hauen, dann wäre das jetzt der richtige Zeitpunkt gewesen. Länger als 30 Sekunden hätten wir uns bei dieser Übermacht nicht verteidigen können.

»Wir geben am Wochenende eine Party. Da könnt ihr gern kommen.«

Wir nickten, bezahlten unsere Rechnung und verließen die Kneipe.

An besagtem Sonnabend fuhren wir nach Lichtenberg in eine Wohnung unweit der Weitlingstraße, wo Neonazis zu diesem Zeitpunkt ein altes Haus zu ihrem Hauptquartier erklärt hatten. Zehn, vielleicht 15 Männer und Frauen saßen in einem spärlich eingerichteten Raum zusammen. Wir wurden hereingebeten, es gab Bier direkt aus dem Kasten, es stank nach Zigaretten. Die jungen Frauen sahen zum Weglaufen aus: Ihre Beine steckten in knallengen Jeans, die in Springerstiefeln endeten. Auch sie trugen Bomberjacken und hatten kahl rasierte Köpfe, nur dass im Nacken die Haare nicht abgeschnitten waren und bis auf die Schulterblätter fielen.

Gespräche waren zu diesem Zeitpunkt nicht möglich, denn laut dröhnte irgendwelche Skinhead-Musik mit ausländerfeindlichen und antisemitischen Texten aus den Boxen, die Gruppe grölte mit, und Niko und ich konnten nur beobachten. Bosso war einer der Anführer, jedenfalls nannte er sich so. Ungefähr 1,80 Meter groß und nur aus Muskeln bestehend, streng gescheitelte SS-Frisur, mit tiefer Stimme.

»Wir gehen gleich mal ein bisschen zum Bahnhof Lichtenberg. Paar Zecken klatschen oder ein paar Kanacken, mal sehen, was wir so antreffen.«

Dann zog er sich seine Bomberjacke an, sechs weitere

Männer taten es ihm gleich, der Rest soff und sang und grölte weiter. Wir hatten ein extrem ungutes Gefühl, und wir hofften, dass die Rechten kein potenzielles Opfer treffen würden. Was sollten wir dann tun?

Der Bahnhof Lichtenberg war leer, die Meute zog von Bahnsteig zu Bahnsteig, und ich hatte meine Nikon F3 samt Motor in der Hand. Mit einem Mal wurde Bosso lauter, auf einer Bank in der Haupthalle saß ein Mann, dem Aussehen nach ein Nordafrikaner. »Na, was haben wir denn da?«, fragte Bosso laut, und seine Kameraden lachten. Die Nazis bauten sich vor dem Mann auf, der dem Gesichtsausdruck nach Todesangst hatte. Noch hatten sie ihm nichts getan, und ich war felsenfest entschlossen dazwischenzugehen, sollte die Lage eskalieren. Die Neonazis standen mit dem Rücken zu uns, sahen daher nicht die Polizeistreife, bestehend aus zwei Beamten, die die Haupthalle betrat und die ich heimlich heranwinkte. »Polizei, weg von dem Mann«, rief einer der Polizisten, als er schnell die Situation erkannte. »Ham ja nischt jemacht, Herr Kommissar«, sagte Bosso frech und rülpste laut. »Nur mal Guten Tag gesagt, wolln doch nett zu unseren Gästen sein«, fuhr er fort, und die Meute lachte. Dann gingen sie weiter, wir hinterher.

»Das gefällt mir nicht, lass uns abhauen«, sagte Niko, und ich gab ihm recht. Doch Bosso und seine Kumpane hatten schon das nächste Opfer ins Visier genommen, einen Zimmermann in klassischer Montur auf der Wanderschaft. Aus welchen Gründen dieser Mann zum Feind ernannt wurde, weiß ich nicht, aber Bosso griff ihn sofort und ohne Vorwarnung an. »Biet an, dein Stöckchen«, sagte der Neonazi scheinbar angstfrei, als der Handwerker seinen Wanderstock einsetzte, um sich die Gruppe vom Leib zu halten. »Da kommen die Bullen wieder«, rief ich schnell, und Bosso und seine Leute ließen von dem Mann ab. Der rannte davon. »Du bist mein Lieblingsopfer«, rief Bosso ihm noch nach. »Lasst uns nach Hause gehen, heute ist wohl Bullentag«, ordnete er an, und dann ging es zurück in die Wohnung. Die anderen hatten mittlerweile die Kiste Bier ausgetrunken und bereits die nächste ins Wohnzimmer gestellt. Durch den Einfluss des Alkohols enthemmt, erzählten sie uns, warum sie Ausländer und Juden hassten, was sie am liebsten mit denen machen würden. Schließlich stellten sich einige von ihnen auf, zogen sich Halstücher ins Gesicht und hoben den rechten Arm zum Hitlergruß. Dieses Foto brachten wir dann groß mit den anderen Bildern, die ich im Bahnhof gemacht hatte. Es gab Aufregung und Leserbriefe und Fragen im Innenausschuss.

Die Polizei in Berlin reagierte. Sicher nicht wegen unseres Artikels, wohl aber wegen der Problematik als solcher. Es wurde eine Spezialeinheit gegründet, bestehend aus Beamten des Mobilen Einsatzkommandos (MEK) und des Staatsschutzes. Diese Einheit sollte sich mit politisch motivierten Straftaten befassen. Die Männer waren nicht nur gut trainiert und schlau, sondern arbeiteten auch extrem effektiv. Es gab nicht *einen* Neonazi-Aufzug, von dem die Polizisten nicht bereits im Vorfeld wussten. Nicht *ein* Bauernhof wurde im Umland für ein verbotenes Nazi-Konzert angemietet, ohne dass Bereitschaftspolizisten bereits dort waren, als die ersten Gäste kamen. Kaum wurde in irgendeinem Studio rechte Musik auf CDs gebrannt, schon flog die Polizei ein und beschlagnahmte alles. Die rechte Szene war verunsichert und geschwächt.

Mutig waren diese Beamten zudem auch. Eines Tages,

Mitte der 90er-Jahre, war ein großer NPD-Aufzug in Berlin geplant. Mein Kollege Dirk und ich standen mit zwei Staatsschutzbeamten und einem Angehörigen des MEK am Bahnhof Friedrichstraße, in dem nach und nach die Skinheads eintrafen. Sie sammelten sich dort und wollten geschlossen losgehen, um in der Masse weniger zum Ziel von Aktionen der Gegendemonstranten zu werden. Wir waren also zu fünft, vor uns geschätzte 200 Männer und Frauen in der szenetypischen Kleidung. Die hatten ein großes Mundwerk, grölten herum, fühlten sich stark, waren sie doch der Staatsmacht gegenüber, zu der sie auch mich und Dirk zählten in unserem Zivi-Look, in Überzahl. Zwei Skins fingen dann an, den rechten Arm zu heben und Heil Hitler zu rufen. Zunächst leise, offenbar doch verunsichert ob der Anwesenheit der Polizei, wenngleich es aus ihrer Sicht wohl nur eine Handvoll war. Der blonde MEK-Beamte ging mitten hinein in die Gruppe, baute sich vor den beiden auf und sagte ihnen direkt ins Gesicht: »Wenn ich das noch einmal sehe, nehme ich euch fest.« »Was willste denn, du Vogel«, bekam er zur Antwort, und einer der beiden wollte gerade wieder den Arm heben. Fünf Sekunden später lagen beide auf dem Boden, der Polizist legte ihnen Handschellen an und führte sie ab. Niemand stellte sich ihm in den Weg, die Glatzen hatten argen Respekt, und einige sagten sogar: »Ist doch auch scheiße, warum machen die denn so ein Theater.«

Wie gesagt, war die Berliner Polizei zu diesem Zeitpunkt immer auf dem neuesten Stand, was Aktivitäten der rechten Szene betraf, die Beamten hatten gute Quellen und ein Netzwerk aufgebaut, das es ihnen erlaubte, die Rechten nicht einmal durchatmen zu lassen. So auch an einem Tag im Herbst, noch Anfang der 90er. Ich hatte einen Tipp bekommen, dass in einer Industriehalle in Hohenschönhausen ein illegales Konzert stattfinden sollte. Zeitpunkt und Ort hatte die rechte Szene per Telefonkette bekannt gegeben, es wurden mehr als 400 Gäste erwartet. Die Polizei wusste natürlich längst Bescheid, und bei den Namen der Personen, die sich angekündigt hatten, blieb der Polizeiführung nur, das SEK für den »ersten Angriff« anzufordern. Durch abgehörte Telefonate wurde klar, dass an diesem Abend das Who is Who der Szene kommen würde, auch gefährliche und bereits vorbestrafte Neonazis, die durch Körperverletzungen und ausländerfeindliche Aktionen in den Fokus der Polizei geraten waren. Das Konzert sollte um 20 Uhr beginnen. Ich hatte einen bestimmten Fotografen angefordert, der nicht nur keine Angst hatte, sondern, wie ich, ausgebildeter Judo-Kämpfer war. Man weiß nie, was kommt. Gegen 18.30 Uhr hatten wir uns am Verlag getroffen und waren dann im Wagen von Mike, dem Fotografen, zu der Adresse aufgebrochen. Wir fuhren zunächst einige Male an dem Gebäude vorbei, das durch ein dickes und großes Tor gesichert war. Auf der gegenüberliegenden Seite befand sich eine kleine Parkanlage mit dichten Büschen, dort wollten wir Stellung beziehen.

Es war inzwischen 20.15 Uhr, und der Fotograf und ich lagen bäuchlings auf dem Gras. Laut meinem Hinweisgeber sollte der Zugriff um 20.30 Uhr stattfinden, uns blieb also ausreichend Zeit, uns ein Bild zu machen, zu beobachten, welche Parolen gesagt oder welche Kombinationen an das Tor geklopft wurden, um Einlass zu bekommen.

»Scheiße, werden immer mehr«, sagte Mike, und tatsächlich kamen mehr und mehr Glatzen zu dem Ort. Hinter dem Tor, das konnten wir sehen, wenn es sich öffnete, war ein Bierstand aufgebaut, um den sich die Gäste scharten. Mittlerweile war es 20.45 Uhr – doch von der Polizei war nichts zu sehen. Die Musik drinnen hatte noch nicht begonnen, vielleicht gab es einen technischen Defekt, oder die Gastgeber warteten auf weitere Gäste. Das hatte den Effekt, dass sich mehr und mehr der Neonazis auf der Straße aufhielten, um die später ankommenden »Kameraden« zu begrüßen. Wir lagen in unserem Gebüsch fünf Meter vom Gehweg entfernt und waren nur zu erkennen, wenn man wusste, dass wir dort lagen. Aber das konnte sich ändern. Als die erste Skinheadblase ob zahlreicher Biere voll war und um Entleerung bat, wurde es brenzlig. Zwei Männer in Bomberjacken betraten die kleine Parkanlage und stellten sich etwa zehn Meter neben uns an einen Baum. Wir wagten kaum zu atmen. Die beiden erzählten sich irgendetwas von der Arbeit, von einer heißen neuen Braut, die da jetzt angefangen hatte. Dann packten sie wieder ein und gingen zu ihren Kumpanen zurück. Ich schaute auf die Uhr: 21.15 Uhr – und von der Polizei immer noch keine Spur. Ich schickte meinem Kumpel eine SMS – mittlerweile hatte ich endlich ein Handy – und fragte, was los sei. Wenig später vibrierte es in meiner Tasche, den Klingelton hatte ich abgestellt. Zugriff auf 22.30 Uhr verschoben. Man warte noch auf ein paar besondere Köpfe in der Führungsriege der Rechtsextremisten, die man auf jeden Fall mit einkassieren wolle. Toll. Eine Stunde und 15 Minuten noch. Mittlerweile war die Straße mit herumstehenden Konzertgästen bevölkert, die darauf warteten, dass es drinnen endlich losging. Wir konnten unser Versteck nicht verlassen, weil die uns ob der Fotoausrüstung sofort als Journalisten erkannt und angegriffen hätten. Also blieben wir liegen und mussten mit ansehen, wie immer wieder Skinheads neben uns austraten – wenigstens ohne uns zu sehen.

Derjenige, der uns am nächsten kam, stand nicht einmal drei Meter entfernt. Glücklicherweise zielte er in eine andere Richtung. Dann, endlich, kamen mehrere Ordner des Veranstalters auf die Straße und informierten die Szene, dass es jetzt losginge. Nach und nach verschwanden die Rechten in dem Hofgelände, dann wurde es unerträglich laut. Mit Musik hatte das nicht viel zu tun, vielmehr gewann man den Eindruck, dass ein paar Betrunkene in das Mikrofon grölten und unverständlichen Mist absonderten. So war es wahrscheinlich auch.

Zehn Minuten später bahnte sich die Polizeiaktion an. Zivilfahrzeuge, für uns als Fachredakteure klar zu erkennen, fuhren die Straße entlang und machten sich ein letztes Bild von der Umgebung. Da alle Besucher auf dem Gelände waren und somit niemand mehr einen Warnruf loslassen konnte, wurde der Zugriff angeordnet. Sekunden später stoppten die Fahrzeuge des SEK vor dem meterhohen Tor. Vermummte und schwer bewaffnete Elite-Polizisten sprangen aus den Autos, zogen Teleskopleitern auseinander und erklommen die Barriere. Auf der anderen Seite rannten sie auf die um die 400 Rechten zu, während einige von ihnen das Tor von innen öffneten, um die Kollegen der Bereitschaftspolizei hereinzulassen. Das sollte ein paar Minuten in Anspruch nehmen. 20 SEK-Männer standen währenddessen in einer Reihe, ließen beinahe gleichzeitig ihre Teleskoptonfas klicken, und der Anführer brüllte die Konzertbesucher an, drei Schritte rückwärtszugehen. Die Neonazis, obwohl zahlenmäßig zu diesem Zeitpunkt weit in der Überzahl, kamen dem Befehl nach. Die Beamten beendeten das Konzert, überprüften alle Anwesenden und beschlagnahmten Waffen. Und sie zeigten wieder einmal: rechter Terror in Berlin, nicht mit uns.

Später saß ich mit einem der SEK-Männern zusammen, einem Hünen, gut trainiert. Er war offen und ehrlich. »Das war eng. Mit dem Tonfa kann man schwere Verletzungen anrichten, auch schwerste, wenn man richtig ausgebildet ist. Aber hätten die Glatzen nicht drei Schritte rückwärts gemacht, sondern vorwärts auf uns zu, dann hätten die uns schlicht über das Tor geschmissen.«

Die Festung

In dem kleinen Küstendorf, in dem ich aufgewachsen bin und in dem mein Elternhaus steht, gab es früher das Lokal »Zum goldenen Anker«. Man konnte dort Pommes kaufen und Süßigkeiten am Tresen, aber wir Jungs hatten immer Angst vor einem Besuch dort, weil es hieß, dass manchmal die Rocker kommen und Leute verprügeln würden. Später stellte sich heraus, dass die sogenannten Rocker schlichte Motorradfahrer waren, die am Wochenende gemeinsame Ausflüge machten und maximal dadurch negativ auffielen, dass sie lauter waren als andere Verkehrsteilnehmer und alle die gleichen Jeans-Kutten mit ihrem Abzeichen auf dem Rücken trugen. Jedenfalls blieb ich als Kind von den Rockern verschont. Jahre später, als Polizeireporter, sollte ich dafür umso häufiger beruflich mit ihnen zu tun haben.

Eine Zeit lang hatte Berlin kein echtes Rockerproblem. Es gab die Hells Angels, und es gab die Bandidos und ein paar andere kleine Vereine. Aber die gingen sich alle zumeist aus dem Weg, Krach gab es höchstens mal an einer Imbissbude. Das sollte sich ändern und schließlich darin gipfeln, dass es bei der Hauptstadtpolizei mittlerweile zwei Rockerdezernate gibt, die sich ausschließlich mit der organisierten Kriminalität der Rocker beschäftigen.

In den letzten Jahren eskalierte die Gewalt zwischen Hells Angels und Bandidos, es ging dem Anschein und den Aussagen der Polizei nach um Revierkämpfe, um Rotlicht-Kriminalität, um Waffen-, Drogen- und Menschenhandel und vor allem darum, wer das Sagen hat. Die Mitglieder der beiden großen Vereine nennen sich selbst Outlaws, Gesetzlose, die nach ihren eigenen Regeln und Gesetzen leben und damit einhergehend die geltenden dieser Demokratie nicht anerkennen und die die Polizei provozieren, wenn sie beispielsweise mit 100 und mehr Teilnehmern im Konvoi fahren – ohne Helm und ohne an den Ampeln zu halten, wenn diese auf Rot gesprungen sind.

Irgendwann expandierten die beiden großen Vereine nach Brandenburg. Und bei allen Mühen der dortigen Sicherheitskräfte muss man sagen, dass es die Rocker auf dem Land leichter haben als in Berlin, wo die Polizisten eben irgendwie härter sind. Ich war Augenzeuge, als anreisende Hells Angels aus zahlreichen Bundes-, aber auch Nachbarländern auf dem Weg zu einem Veranstaltungsort in der Nähe von Cottbus waren. Die Männer, die da nicht auf Harleys, sondern in riesigen Mercedes in den Kontrollbereich fuhren, sahen herbe aus: aufgepumpte Muskeln, Tattoos, rasierte Schädel, von denen einige den Totenkopf der Bruderschaft in die Haut gestochen hatten. Es waren auch etliche Old-School-Rocker darunter mit langen Haaren und Bärten. Sie beugten sich der »polizeilichen Maßnahme«, signalisierten aber mit jeder Bewegung, mit jedem Spruch, dass sie vor den Polizisten der brandenburgischen Bereitschaftspolizei so gar keinen Respekt hatten. Mir tat der junge Polizist leid, der einen knapp zwei Meter großen Rocker kontrollieren musste, der zwar brutal aussah, jedoch auch etwas im Kopf zu haben schien. Zumindest war er eloquent und kannte sich mit seinen Rechten aus. Als der junge Beamte dem Höllenengel seinen Ausweis wiedergab, zitterte das Papier, zitterte die ganze Hand. Der Rocker brachte sein Gesicht ganz nah an das des Polizisten und sagte plötzlich und laut »Buh«. Es war erniedrigend.

In Berlin läuft das anders. Der Druck auf die Szene ist groß, und die Reaktionen der Polizei kommen schnell und meist unerwartet. So hatten Hells Angels mal bei einer Kontrolle zwei Angehörige einer Streifenwagenbesatzung angegriffen. Bei den Rockern wurden Waffen sichergestellt, Messer und Schlagstöcke. Nun musste die Polizei davon ausgehen, dass im Clubhaus weitere Waffen sein könnten. Und wenn Waffen im Spiel sind, kommt das SEK. Ich erhielt einen Hinweis, dass etwas passieren würde und hielt mich im Bereich des infrage kommenden Vereinshauses auf. Als es an diesem Sommerabend endlich dunkel war, rasten plötzlich mehrere zivile Fahrzeuge vor die Adresse im Ostteil der Stadt. Vermummte und schwer bewaffnete Elite-Polizisten drangen gewaltsam in die Räume ein und überwältigten zwei Rocker. Deren »Brüder« waren den nächsten Tag damit beschäftigt, die heilige Stätte aufzuräumen – denn es fällt schon mal eine Vase um bei solchen Zugriffen. Das Signal an die Szene war einmal mehr klar: Wenn ihr euch nicht an die Regeln haltet, dann gibt's Ärger.

Das bekam auch ein berüchtigtes Führungsmitglied der Hells Angels zu spüren. Der Karate-Kämpfer, der per Haftbefehl gesucht wurde, erschien bei einer Fete seiner Bruderschaft und beleidigte die Polizisten, die wegen Ruhestörung gerufen worden waren, vom Balkon aus. Der Mann wurde erkannt, und der Einsatzleiter »empfahl« den Rockern eindringlich, den Mann dazu zu bewegen, sich zu stellen, wobei er auf die Straße zeigte – das SEK war bereits umgezogen und wartete auf das Signal. Nach zahlreichen Drohgebärden kam der Hüne tatsächlich heraus. Als ihn aber ein Bereitschaftspolizist zur Seite schob, um ihn besser kontrollieren zu können, hob der Mann die Fäuste und schlug zu. Der Polizist schlug zurück, war dem Straßenkämpfer aber nicht gewachsen. Obwohl mehrere Polizisten den aggressiven und außer Kontrolle handelnden Rocker zu bändigen versuchten, nahm dieser den Polizisten in den Schwitzkasten und brachte ihn zu Boden. Die Lage eskalierte, erst durch hartes Vorgehen mehrerer Bereitschaftspolizisten konnte der Beamte befreit werden. Später sagte er, schon Sterne gesehen zu haben. Und seine Kollegen sprachen von seiner blauen Gesichtfarbe. Die Ordnung war wiederhergestellt, und der Rocker hat sicherlich nicht vor Freude geschrien, als die Polizisten der Hundertschaft ihn in die Zelle brachten.

Die Eskalation des Bandenkrieges zwischen den Hells Angels und den Bandidos ließ nicht ewig auf sich warten. Es gab immer wieder Übergriffe – mit Messern, Axtstielen, Schusswaffen. Es gab auch Tote, landesweit. Einem Hells Angel wurde in Berlin fast der Arm von der Schulter abgetrennt, als er abends mit einer Machete angegriffen wurde, ein Führungsmitglied wurde durch einen Stich in den Rücken schwer verletzt. Als mutmaßliche Täter kamen nur Bandidos infrage. Und dann geschah etwas, das es in der Geschichte der Rocker-Bruderschaften weltweit noch niemals gegeben hatte: Knapp 80 Bandidos wechselten in einer Nacht-und-Nebel-Aktion die Seiten, legten ihre alten Kutten ab und wurden zu Hells Angels. Durch Druck und zahlreiche Angriffe machte dies Schule, immer mehr Bandidos nahmen die rot-weißen Farben an und verrieten somit ihren alten Verein. Ein Thema, das die Medien mehr und mehr beschäftigte. Immer wieder waren wir bei Razzien dabei, fotografierten die vermummte Staatsmacht, die den Outlaws klarzumachen versuchte, wer der Herr im Ring ist, und dabei immer aufpassen musste, nicht zum Opfer zu werden, denn die Ansage der »neuen« Hells-Angels-Führung in Berlin war intern klar: Bei Kontrolle ist Widerstand zu leisten.

Die Bandidos versanken scheinbar in der Bedeutungslosigkeit. Und als zuletzt weitere von der Polizei auch »Banditen« genannte Rocker die Seite wechselten, schrieb ich darüber einen großen Artikel. Reaktionen hatte es von den Bikern nie gegeben. Zwar veröffentlichten sie auf ihren eigenen Internetseiten Kommentare dazu, doch an uns waren sie bisher nie herangetreten. Bis zu diesem Tag. Eine Kollegin aus dem Sekretariat rief bei mir an. Zwei »Präsidenten« der Bandidos wollten mich sprechen. Es ging um die Veröffentlichung. Ich rief wenige Tage danach zurück, und der Mann am Telefon bot ein Treffen an. Warum, wollte ich wissen. »Weil das so nicht stimmt. Und deswegen bieten wir ein Interview an. Bei uns im Clubhaus.«

»Is klar«, antwortete ich. »Dann macht ihr hinter mir das Tor zu, und ich kriege zwei Stunden lang auf die Fresse.«

»Okay, dann schlag du einen Ort vor.«

Ich wählte ein Restaurant im Bezirk Berlin-Mitte und nannte als Uhrzeit 17 Uhr. Ich fragte den Fotografen Sergej, ob er mitkommen wolle. Er steht auf Gefahr und war daher sofort dabei. Wir fuhren früher als vereinbart zu dem Lokal, da wir sichergehen wollten, dass wir in keine Falle laufen. Echte Rocker haben nämlich auch keine Scheu, in einer belebten Gegend den Frohsinn zu stören. Aber alles war ruhig. In einer Ecke saßen zwei Männer, einer trank Brause, der andere aß etwas. Ich ging zum Klo, passierte die beiden.

Auf dem Rückweg sah ich auf ihre Hände und erkannte, dass beide die gleichen Ringe trugen. »Andy?« So hieß einer der beiden.

»Ja.«

»Behrendt.«

»Haben wir uns gedacht.« Wir reichten uns die Hände, dann winkte ich Sergej heran. Die Anführer zweier sogenannter Chapter (Ortsgruppen) saßen uns gegenüber. Wir musterten uns, klopften einander ab. Der eine war aufgeschlossen, der andere sprach von schlechter Recherche. Es gebe die Bandidos sehr wohl noch in Berlin. Alles andere sei Quatsch. Warum wir nicht vorher gefragt hätten. Wir hätten doch vorbeikommen können. »Is klar«, antwortete ich erneut.

Wir stellten kritische Fragen, bekamen aber keine gescheiten Antworten. Und obwohl wir uns generell gut verstanden und das Gespräch nicht aggressiv war, kam unter dem Strich nichts dabei herum.

Ich rief Sergej zwei Tage später an und fragte ihn, ob er so verrückt wäre, mit mir in das Clubheim zu gehen. Ich sagte ihm, dass wir sonst keinen Artikel hinbekämen und ich Andy diesen Vorschlag unterbreiten wollte. Natürlich sagte er Ja. Danach wählte ich Andys Nummer. Er meldete sich nach dem dritten Klingeln, und ich fiel mit der Tür ins Haus. »Das war ja alles ganz hübsch letztens, aber so geht das nicht. Ganz oder gar nicht. Wir kommen zu euch, und ihr stellt euch unseren Fragen und lasst euch fotografieren. Aber richtig.«

Andy stimmte zu, wollte sich vereinsintern jedoch noch rückversichern. Schließlich gab es einen Termin, an dem die Bandidos uns empfangen wollten – in der Festung, wie ich es nenne, im Norden der Stadt. Mehrmals war ich dabei gewesen, als die Polizei das Gelände stürmte. Leicht kam man dort nicht hinein. Raus noch weniger leicht. Es war kalt an diesem Tag, und ich war schwer erkältet. Ich fühlte mich schlecht, hatte Gliederschmerzen, Husten, Rotz, Kopfweh. Doch der Termin war nicht mehr zu verschieben, die Rocker hatten alles vorbereitet. Also traf ich mich mit Sergej fünf Minuten vor der verabredeten Zeit unweit des Clubheims – entsprechend angezogen: Jeans, Tarnjacke. Sergej ist mein Freund, er grinste. »Komm, wir haben ein paar Kriege überlebt, dann schaffen wir auch das.« Nebeneinander gingen wir auf das Eisentor zu und klingelten. Der Schieber vor dem Sehschlitz wurde zur Seite gezogen, und ein Augenpaar schauten uns an. »Gänseblümchen ruft Butterblume« war die spaßhaft vereinbarte Parole. Dann wurde das hohe Tor elektronisch zur Seite gezogen. Oben auf der Kante war Stacheldraht. Wir waren angespannt. Beide. Die Festung öffnete sich, und im Innenhof erkannten wir mindestens 30 Bandidos. Herbe Jungs. »Zehn Sekunden«, dachte ich mir. »Wenn die Ernst machen, halten wir uns zehn Sekunden. Dann sind wir im Arsch.«

Wir traten ein, bewegten uns so selbstsicher, wie es ging. Körpersprache ist wichtig: aufrecht gehen, keine Angst zeigen, wie bei Hunden. »Bevor wir quatschen, muss ich erst mal aufs Klo.«

»Da lang«, sagte einer der Männer und grinste. »Hoffentlich kannste lesen.«

Ich betrat einen Seitenflügel des Objekts und fand zwei Toiletten vor. Eine war nur für die Mitglieder, die andere für Gäste. Zwei Minuten später stand ich wieder im Freien und sah die Rocker. Komisches Gefühl. Ewig hat man über sie geschrieben, sie moralisch und medial verteufelt. Nun waren wir bei ihnen – und ihnen ausgeliefert, falls sie sauer wären der Artikel wegen. Was sie nicht waren. Andy war freundlich. »Wir gehen was trinken.«

Wir gingen mit ihm in einen Raum mit Tresen. Rockmusik wurde gespielt. Eine Harley stand für das Foto bereit. »Was wollt ihr haben?«

»Was trinkt man denn normalerweise so bei den Banditen?«

»Jacky Cola.« Also Jack Daniels, Kentucky Bourbon.

»Dann mal los.« Andy bestellte am Tresen. Und ein netter Kerl mixte den Drink. »Ich nehm ein Alster. Muss noch fahren«, sagte Andy.

»Was seid ihr denn für Rocker?«, frotzelte ich.

»Welche mit Berufen, wo ich die Pappe brauche«, grinste der Präsident eines der wichtigsten Berliner Bandido-Chapter. Kein stumpfer Schläger. »Ich bin nicht vorbestraft, kannst mich checken«, sagte er, und es war zu spüren, dass er in dem Laden etwas zu sagen hatte. »Ich bin über das Motorradfahren zu dem Haufen gekommen. Habe die Feten mit den Kerlen hier erlebt, dann wollte ich das jeden Tag. So kam ich dazu.«

Sergej brauchte Bilder. Das hier war eine besondere Sache, denn man kam nicht jeden Tag in ein solches Clubheim und wurde auch noch zum Drink eingeladen. Die Männer machten möglich, was Sergej wollte. Ließen sich ablichten, lachten, machten Witze. Ich war auf Polizeifeten, auf denen es nicht anders zuging. Nur, dass die Polizisten keine Kutten trugen. Darauf angesprochen, sagte ein Polizei-Freund von mir, dass die Männer schon ähnlich ticken würden – wenn es um Kameradschaft geht, um Brüderlichkeit, um den Mann neben ihnen. »Aber sie stehen eben auf der anderen Seite des Gesetzes. Deswegen hauen wir sie um.«

Während Sergej fotografierte und ich den Rockern versicherte, dass sie die Bilder zu sehen kriegten, bevor wir sie veröffentlichen würden, nahm Andy mich zur Seite. »Und, ist das nicht nett hier.«

Ich konnte nicht wirklich sagen, dass die Kneipenatmosphäre in dem Clubheim unangenehm gewesen wäre. »Es ist nett. Aber ich könnte in keinem Verein sein, für dessen Kutte oder Farbe ich jeden Tag damit rechnen müsste, erstochen oder erschossen zu werden.« Andy schlug mir auf die Schulter und sagte nichts. Das war Bestätigung genug.

Sergej hatte viele Fotos gemacht: die ganze Gang um die Harley herum, Detailaufnahmen ihrer Hände mit den Ringen. Wie versprochen wollten wir sie den Rockern zeigen. Im kleinen Kreis trafen wir uns in einer anderen Bar auf dem Gelände wieder. Andy war dabei sowie zwei andere Rocker. Und ein ganz bestimmter. Er gilt als gefährlich, als extrem gefährlich, sagen Polizisten. Er war früher selbst Polizist, bis er einen Raubüberfall beging und ins Gefängnis musste. Ich war dabei, als die GSG9 sein Clubheim stürmte, Hunde erschoss, Blendgranaten einsetzte. Der Mann mochte einen schlechten Ruf haben – war vorbestraft, hatte gesessen –, trotzdem hatte er Charisma und ein einnehmendes Wesen. »Dass ich mit dir mal ein Bier trinken würde, das hätte ich mir nie vorstellen können«, sagte ich zu ihm und nahm ihm gegenüber Platz.

Der Mann war kräftig, schien nur aus Muskeln zu bestehen. Er trug das Haar raspelkurz. Beide Arme waren tätowiert. Sein Händedruck tat weh. »Ihr sagt, dass ihr nicht kriminell seid«, sprach ich Andy an, und der nickte. »Was ist mit ihm?«

Andy machte sich eine Zigarette an. »Er war es vielleicht

früher und wurde verurteilt. Seit er bei uns ist, hat er nichts gemacht.«

Der berüchtigte Ex-Polizist, jetzt Führungsmitglied der Bandidos, schaute mich an, nicht aggressiv, sondern ganz normal. »Und, was sagen deine Kumpels bei der Polizei denn über mich?«

Ich war ehrlich. »Dass du eine Dreckhecke bist, dass ich dir nicht den Rücken zudrehen sollte, weil du mich sonst abstichst.«

»Und? Ich habe dich nicht abgestochen«, grinste der Rocker und holte sich eine Cola.

Ich bin kein Rocker. Und ich werde niemals einer sein. Meine Freunde stehen auf der anderen Seite. Ich habe einen großen Artikel über die Bandidos und dieses Treffen geschrieben, mit harten Fragen, aber fair. Das fanden auch die Rocker. Ich bin auf Polizistenpartys gewesen, auf denen es in puncto Sprüche, Musik und Lautstärke nicht anders zugegangen ist. Nur dass die Jungs die Staatsmacht vertreten. Ein guter Kumpel von mir, der selbst gern Harley fährt, sagte zu dem Bericht: »Na ja, glücklicherweise hatte man ein gutes Elternhaus, wer weiß, was man sonst geworden wäre.«

Lebensbeichte

»Ich will nicht mehr!« Der Satz war eindeutig und klar. Die Stimme war zart und dünn und trotzdem fest und gefasst. Eine junge Stimme, sie gehörte zu einer jungen Frau, die ich mir vorzustellen versuchte, aber ich bekam das Bild im Kopf nicht hin. Ich war ans Telefon gegangen, eine der Sekretärinnen hatte offenbar einen Anruf zu mir durchgestellt, der über die Zentrale gekommen war.

»Und wer spricht da?«, wollte ich wissen.

»Das ist nicht so wichtig. Mich gibt es ohnehin bald nicht mehr!«

»Warum rufst du dann an?«

Schweigen am anderen Ende der Leitung. Ich wusste nicht, ob die Frau aufgelegt hatte. Es war jedenfalls nichts zu hören.

»Hallo?«, versuchte ich es erneut. »Wenn du mir etwas zu sagen hast, dann ist jetzt der richtige Zeitpunkt. Ich werde nicht ewig auf ein Rauschen in der Leitung warten.«

Ich musste den Druck erhöhen, sonst wäre sie weg, ohne dass ich je erfahren hätte, was die Stimme von mir wollte.

»Es ist alles so beschissen.«

Es ging weiter. »Was ist beschissen?«

»Mein Leben. Alles daran.«

»Warum? Was machst du?«

»Ich schaffe an.«

Eine Prostituierte also. Schätzungsweise noch sehr jung. Und sehr verzweifelt.

»Und was kann ich für dich tun?«

»Ich weiß nicht. Hör mir einfach zu, bevor ich Schluss mache.«

»Du machst hier überhaupt gar nicht Schluss. Du wirst mir jetzt sagen, wo du wohnst.«

»Warum?«

»Ich komme dahin, und du erzählst mir, worum es dir geht.«

»Warum solltest du das tun?«

»Aus dem gleichen Grund, aus dem du angerufen hast. Du willst nicht einfach Schluss machen, du willst vorher eine Geschichte erzählen. Und mein Job ist es, mir Geschichten anderer Menschen anzuhören. Also?«

»Kommst du alleine?«

»Soll ich denn? Oder soll ich eine Kollegin mitbringen? Oder sie allein schicken? Willst du lieber mit einer Frau sprechen?«

»Nein, mit Männern komme ich besser klar.«

»Dann los. Wo wohnst du?«

Die zarte Stimme war einige Momente lang nicht zu hören. Dann meldete sie sich zurück.

»Okay, ich wohne in der Nähe vom Nollendorfplatz.« Sie nannte mir die genaue Adresse. Ich hatte nichts anderes zu tun an diesem verregneten Herbsttag, der nun wirklich nicht zur Steigerung der Stimmung beitrug. Was sollte das werden? Eine Story? Ein Seelsorger-Job? Ich war gespannt. Im Büro sagte ich niemandem Bescheid, denn bei den Boulevardzeitungen standen gerade die teilweise skrupellosen Vorgesetzten auf solche Storys. Ich sagte stattdessen etwas von Überstunden abbummeln, dann machte ich mich im Regen auf den Weg zu der jungen Frau.

Nach einer halben Stunde kam ich an, der Wind hatte etwas zugenommen, und ich konnte es kaum erwarten, eine Wohnung zu betreten. Egal, was mich darin erwarten würde.

Ich klingelte an der Tür mit dem Namen, den mir die Frau am Telefon genannt hatte. Bellarina. Sicher nicht ihr echter Name. Nach ein paar Sekunden wurde ein Schlüssel im Schloss gedreht. Die alte Holztür wurde aufgezogen, und vor mir stand ein Engel. Die Frau war vielleicht um die 20, hatte lange braune Haare und grüne Augen. Sie war bestimmt 1,75 Meter groß, und die hohen Schuhe, in denen ihre Füße steckten, machten sie noch größer. Sie trug Strapse und einen hauchdünnen Slip, einen BH und darüber eine Art Umhang, der aber offenbar nicht zu dem Outfit gehörte, sondern sie vielmehr wärmen sollte.

»Ich bin der Reporter.«
»Und ich bin Miriam.«
»Ist das dein richtiger Name?«
»Ja, Miriam Tauber. Komm rein.«

Ich betrat eine kleine Wohnung. Vom Wohnzimmer war durch eine Tür und einen dicken Vorhang ein Schlafzimmer abgetrennt worden, als wollte die junge Frau nicht, dass jemand den Wohnraum sieht. Das Wohnzimmer selbst war in »Eiche rustikal« gehalten und ziemlich schrecklich eingerichtet. Aber es war ordentlich und sauber. Das Zimmer zierten eine Schrankwand aus Holz, eine rote Couch mit zu vielen Kissen, eine Diddl-Maus auf dem Fensterbrett, eine Kuscheldecke und viele Bilder. Die Bilder zeigten ein kleines Mädchen auf dem Arm eines großen kräftigen Mannes mit Halbglatze und Schnurrbart. Er erinnerte mich an Sean Connery. Es gab Bilder von den beiden am Strand, von dem Mann mit der jungen pubertierenden Frau an seiner Seite, beide lachend, fröhlich. Sie mochten sich, war mein Gefühl. Es gab Fotos vom Geburtstag, im Zoo, im Freizeitpark. Aber ich sah kein Bild, das eine Mutter zeigte.

»Dein Vater, stimmt's?«
»Ja.«
»Ein Bulle.«
»Woher weißt du das?
»Die Art, wie er dich hält. Wie er dich anschaut. Er beschützt dich. Wo ist er?«
»Da draußen irgendwo.«
»Du hast keinen Kontakt?«
»Es würde ihm das Herz brechen.«
»Seit wann habt ihr euch nicht gesehen?«
»Ein paar Monate.«
»Und du glaubst, das bricht ihm nicht das Herz?«
Die junge Frau weinte.
»Seid ihr allein?«
»Ja, meine Mutter starb vor zwei Jahren. Krebs.«
»Und warum hast du kein Bild von ihr hier?«
Sie stand auf, nahm mich an der Hand und zog mich vom Sofa. Wir gingen zu der kleinen Küchenzeile. Neben der Kaffeemaschine stand das gerahmte Bild einer Frau um die 40. Ich erkannte die Ähnlichkeit zur Tochter, sie war bildschön.

»Ist sie das?«
»Ja. Bevor sie dünn wurde und ihre Haare verlor.«
»Warum steht das Bild hier und hängt nicht an der Wand?«
Miriam zündete sich eine Zigarette an. Sie inhalierte tief,

dann ging sie zum Kühlschrank und holte eine Flasche Sekt. »Möchtest du auch?«

»Wenn du sie schon aufmachst.«

Sie schenkte ein. »Ich will, dass sie jeden Tag sieht, dass ich aufstehe. Und ich will ihre Augen sehen, die mir sagen, dass ich Scheiße mache.«

»Und warum machst du Scheiße?«

Sie weinte jetzt bitterlich. »Ich hab den Boden verloren. Mein Vater im Dienst, ich ohne meine Mutter. Falsche Freunde.« Sie war intelligent, kein Wunder, denn die Bilder der Eltern zeigten Menschen, die nicht dumm waren.

»Was haben dir diese Freunde denn gesagt?«

»Ich krieg das alles nicht mehr zusammen. Aber ich habe diese Freundin, Andrea. Sie schafft an. Ohne Anzeigen in der Zeitung, auf Empfehlung hin, die Kerle stehen auf junge Dinger.« Sie trank einen Schluck und steckte sich eine neue Zigarette an. »Wir wollen nach Südfrankreich, das war immer unser Traum. Aber dafür brauchen wir Geld. Sie sagte, der Job sei riesig. Nun sitze ich hier.«

»Und willst sterben.«

»Nein. Und ja. Ich hatte eine tolle Familie. Ich will zurück.« Ihr Körper bebte im Weinkrampf. »Aber was soll ich denen sagen? Dass ich für 'nen Fünfziger mit fremden Männern ins Bett gehe? Die mein Vater sein könnten? Wie soll ich meinem Vater entgegentreten?«

»Willst du lieber, dass er vor Sorge verrückt wird? Hast du mit ihm Kontakt?«

»Ja. Telefonisch. Ich rufe an. Er hat die Nummer nicht. Und auch nicht diese Adresse. Ich sage ihm dann, dass es mir gut geht.«

»Darf ich das andere Zimmer einmal sehen?«

Miriam stand auf, öffnete die Tür und schob den Vorhang beiseite. Ein kleiner Raum mit einem großen Bett, das mit roten Laken bespannt war, schwarze Bettwäsche, weiße Vorhänge. An der Wand hing eine Zeichnung, die zwei Frauen zeigte, die sich liebten. Miriam drückte einen Knopf, und rotes Licht ersetzte das zuvor angeschaltete helle.

»Und hier arbeitest du?«

Sie weinte wieder, und ich schob sie aus dem Raum. Wir setzten uns wieder in das Wohnzimmer.

»Du willst doch nicht wirklich sterben, oder?«

»Ich weiß es nicht. Ich will mein altes Leben zurück. Ich will meinen Vater. Mit ihm an das Grab gehen und gemeinsam trauern. Aber ich schäme mich so sehr.«

»Meinst du nicht, dass er dir verzeihen kann? Dass er dich braucht? Vermisst? Sich Sorgen macht? Solche Schicksale nicht aus seinem beruflichen Alltag kennt?«

Auf dem Tisch lagen die Zigaretten, daneben ein Handy. Ich hatte eine Idee.

»Kannst du uns einen Kaffee machen?«

»Na klar.«

Sie ging in die Küche. Ich nahm mir das Handy, schaute mir die eingespeicherten Nummern an und fand den Eintrag, den ich zu finden gehofft hatte: Daddy. Ich notierte mir die Nummer.

Miriam kam mit dem Kaffee zurück – auf einem Tablett mit zwei Tassen, Zucker, Milch. Sie hatte eine gute Erziehung genossen. »Zieh dir was an«, sagte ich zu ihr. »Ich bin kein Freier, und dir ist kalt.« Sie nickte und verschwand im Bad.

Wenig später kam sie wieder in Jeans und T-Shirt. Sie sah für mich aus wie ein völlig anderer Mensch.

»Wie geht es dir?«

»Schlecht. Aber irgendwie auch komisch. Du bist der erste Mann hier drinnen, der nicht dafür bezahlt, dass ich mich ausziehe. Der will, dass ich die Strapse gegen lange Hosen tausche.« Sie lächelte.

»Pass auf, Miriam. Ich möchte dir gern helfen. Dafür braucht es Zeit für ein Gespräch. Ein langes Gespräch. Du weißt, dass das der beste Weg ist: sich alles von der Seele zu quatschen.« Sie nickte.

»Ich muss in die Redaktion, ich muss denen sagen, dass ich heute nicht mehr komme. Und vor allem muss ich ein paar Dinge holen, die ich brauche. Gib mir eine halbe Stunde, und ich bin wieder da.«

Sie dachte kurz nach, dann nickte sie. »Okay. Ich warte.«

»Und bring dich ja nicht um.«

Sie lächelte wieder, und ich wusste, dass sie es nicht tun würde.

Sie schloss die Tür hinter mir, und unten im Hauseingang wählte ich die Mobiltelefonnummer ihres Vaters, die sie gespeichert hatte.

»Hallo?«, fragte eine tiefe Stimme.

»Guten Tag. Sie kennen mich nicht, und das müssen Sie auch nicht. Ich habe eine Adresse für Sie, wo Sie finden, wen Sie suchen. Sagen Sie ihr, dass ich es so machen musste. Sie soll mir nicht böse sein. Und wenn Sie so sein sollten, wie Sie auf den Bildern aussehen, dann werden Sie ihr verzeihen. Und dann weiß sie auch, dass es so richtig war.«

»Okay.« Ich konnte die Aufregung in der Stimme spüren, die Angst, die Hoffnung. Ich nannte ihm Straße und Hausnummer. Dann setzte ich mich in meinen Wagen, der nicht weit entfernt stand, und beobachtete die Umgebung. Wenig später stoppte ein Opel, und der Sean Connery vom Foto sprang heraus. Lief eilig auf die von mir offen gelassene schwere Haustür zu. Ich startete den Wagen. Die Story habe ich nie für die Zeitung aufgeschrieben. Sie ging in diesem Moment niemanden etwas an.

Todesnachricht

Es war in den frühen 90er-Jahren, also zu meiner Anfangszeit als Polizeireporter. Irgendwie erreichte die Information die Redaktion der *B.Z.* in Berlin, dass am Hermannplatz in Neukölln ein Kaufhausdetektiv von einem Dieb erstochen worden sei und sich der Täter auf der Flucht befinde. Das Ganze war vor nur wenigen Minuten passiert. Das war eine Story. Ein Mann stirbt, weil er einen Verbrecher fangen will. Ich schnappte mir meine Jacke, rief dem Lokalchef im Vorbeilaufen kurz die wichtigsten Informationen zu und rannte in die Fotoredaktion. Walter saß an einem der Schreibtische, ein älterer Kollege der fotografierenden Zunft und als einer der wenigen fest angestellt. Er war ein gemütlicher Kerl mit Bart, Bauch und einer Vorliebe für luxuriöse Autos mit möglichst viel technischem Schnickschnack. »Komm, Walter, ein Ladendieb hat einen Kaufhausdetektiv getötet.«

»Wird wohl nichts mit dem pünktlichen Feierabend«, murmelte der Mann und griff sich seine Fototasche. »Wo müssen wir hin?«, wollte er wissen.

»Zum Hermannplatz, also um die Ecke.«

Die Fahrt vom Verlag dorthin dauert fünf Minuten – wenn es keinen Stau gab auf der Strecke, den es dort eigentlich immer gibt, weil die türkischen Gemüsehändler anscheinend ständig in zweiter Reihe stehen und Kisten mit frischer Ware ausladen. Doch Walter war ein alter Fuchs, wenn es darum ging, schnell irgendwo hinzukommen. Er schlängelte sich durch die Karawane der teilweise im Schritttempo fahrenden Autos, suchte Lücken, fand welche, nutzte sie. Er überhörte die Schimpfworte, die erhobenen Mittelfinger und Fäuste, die als Reaktion aus den Autofenstern der anderen gezeigt wurden. Trotz des nachmittäglichen Verkehrschaos an diesem Sommertag waren wir 15 Minuten später an dem großen Kaufhaus unweit des Hermannplatzes. Irgendetwas war seltsam. Es sah nicht nach einem üblichen Tatort aus. Es waren keine Flatterbänder gespannt, es gab keine Bereitschaftspolizisten, die absperrten oder den Verkehr an dem Ort des Verbrechens regelten. Genau genommen sahen wir überhaupt nichts, das darauf schließen ließ, dass sich hier eine Tragödie abgespielt hatte. Eine Tragödie war es trotzdem, aber das sollten wir erst später erfahren.

Walter suchte nach einem Parkplatz, doch bei dieser Suche hatte er weniger Glück als bei der nach Lücken im Verkehr. Schließlich parkte er seinen Wagen halb auf dem Bürgersteig. Wir stiegen aus und schritten auf das Kaufhaus zu. Ich sprach eine Verkäuferin an. »Entschuldigen Sie bitte«, sagte ich und stellte mich vor. Zudem zeigte ich ihr meinen Presseausweis. »Wir haben gehört, dass es hier ein Verbrechen gegeben haben soll.«

Die Frau hatte Tränen in den Augen. »Da haben Sie falsch gehört.«

»Aber es soll einen toten Kaufhausdetektiv geben, der von einem Dieb durch einen Messerstich tödlich verletzt worden sein soll.«

»Nein, das stimmt nicht. Unser Kollege hat bei der Verfolgung einen Herzinfarkt bekommen.«

»Und jetzt lassen Sie uns bitte in Frieden und verlassen die Geschäftsräume«, hörte ich eine Männerstimme hinter mir. Ich drehte mich um und sah einen Mann im Anzug. Er musste dem Auftreten nach zur Geschäftsleitung gehören. »Wir haben nichts weiter zu sagen und möchten, dass Sie jetzt gehen.«

Also gingen wir. Walter gab mir sein Handy, um die Redaktion über die Wende in dem Fall zu informieren. Der zuständige Ressortleiter nahm das Gespräch nach dem dritten Klingeln an, und ich berichtete ihm, dass der Kaufhausdetektiv eines natürlichen Todes gestorben war.

»Is doch wurscht. Is trotzdem eine Riesennummer. Wisst ihr, wie der arme Kerl heißt?«

»Nein, wir sind rausgeflogen.«

»Aber wir wissen es, Klaus hat den Namen besorgt.« Er meinte einen der älteren Polizeireporter-Kollegen. Dann nannte er mir den Namen. »Er wohnt am Spandauer Damm. Fahrt da mal hin. Vielleicht sprechen die Angehörigen mit euch.«

»Ist das nicht ein bisschen früh?«

»Der Erste kriegt die Story, Junge«, hörte ich noch, und das Gespräch war beendet.

»Wir gehen jetzt erst mal was essen«, sagte Walter, der gern eine Pause einlegte, wenn es sich einrichten ließ. Aber in diesem Fall wollte er den Stopp wohl aus taktischen Gründen machen – er hoffte, dass in dieser Zeit die Polizei die Angehörigen informieren würde. Todesnachrichten zu überbringen gehört nicht zu den Aufgaben von Journalisten, gleichwohl es Reporter gibt, die genau diese ersten Schocksekunden der Betroffenen ausnutzen wollen, um an Informationen zu kommen, an Fotos von den Opfern aus dem Familienalbum, an Fotos der Weinenden, die zurückbleiben.

»Ich kenne einen guten Türken hier um die Ecke, da gibt es den besten Döner der Stadt, vertrau mir«, grinste Walter, dann fuhren wir ab. Wir aßen langsam, und mein Kollege streckte die Zeit zusätzlich dadurch, dass er nach dem Essen noch einen Tee für uns bestellte.

»Okay, Kleiner, jetzt müssen wir.« Der Vorfall war jetzt zwei Stunden her. Das sollte reichen. Insgeheim hoffte ich, dass die Frau nicht zu Hause sein würde. Wir erreichten die Adresse des Kaufhausdetektivs und drückten den Klingelknopf an dem Einfamilienhaus. Glücklicherweise machte niemand auf. Ich versuchte es erneut, wieder keine Reaktion. Nun konnte ich mit Fug und Recht behaupten, dass wir es versucht hatten.

»Abmarsch«, sagte Walter, drehte sich auf dem Absatz um und ging zu seinem Wagen, ich folgte ihm. Nachdem wir es uns in dem riesigen Renault bequem gemacht hatten, rief mein Kollege erneut im Büro an. Er berichtete, dass die Angehörigen nicht zu Hause seien und dass wir abrücken wollten. Dann sagte er nichts mehr, sondern hörte zu und verdrehte die Augen. Anschließend legte er auf. »Die Familie hat noch eine Laube im gleichen Bezirk, nicht weit von hier entfernt. Dort sollen wir es versuchen.«

Eine ungute Situation für uns. Walter startete den Motor, schob den Automatikhebel auf Drive und gab Gas. Kurz darauf stoppten wir in einer ruhigen und grünen Gegend. Diesmal fanden wir einen Parkplatz, unweit der Anschrift des Todesopfers. Es war ein schöner Tag. Die Sonne stand schon etwas tiefer, die Vögel zwitscherten, kein Tag, um jemandem eine so traurige Nachricht zu überbringen.

Wir fanden die richtige Laube schnell, und ich erkannte

zwei Frauen hinter einer Hecke. Eine davon musste über 70 sein, die andere war etwa Mitte 40. Ich ging zur Gartenlaube und sprach die beiden an. »Frau Müller?«

»Ja«, kam es fröhlich zur Antwort, und ich wusste in diesem Augenblick, dass die Polizei noch nicht hier gewesen war, dass die Frau noch nicht wusste, dass ihr Mann heute und auch an allen anderen Tagen nicht mehr nach Hause kommen würde. Noch war ihre Welt in Ordnung. Aber das Lächeln in ihrem Gesicht verschwand, und sie musterte mich. Als ahnte sie, dass etwas passiert war. »Sind Sie von der Polizei?«, wollte sie wissen.

»Nein«, sagte ich.

»Wer sind Sie dann? Was wollen Sie?«

Ich stellte mich vor und sagte, für wen ich arbeitete. Die Frau Mitte 40 war jetzt zum Gartentor gekommen und stand direkt vor mir. Ich wäre in diesem Moment am liebsten weggelaufen.

»Was wollen Sie von mir?« Dann wurde sie ganz ruhig und schaute auf den Boden. »Es geht um meinen Mann, richtig? Ihm ist etwas passiert, deswegen sind Sie hier und wollen mich befragen.«

Inzwischen war auch die alte Dame hinzugekommen. Sie nahm die Hand der anderen. »Was ist mit meinem Sohn?« Die Stimme wurde flehend. »Bitte sagen Sie uns doch, was passiert ist.«

Ich konnte es nicht. Ich log. »Er hat einen Dieb verfolgt, dabei ist er zusammengebrochen.«

»Ist er tot? So sagen Sie doch.«

Ich log wieder. »Nein, er ist im Krankenhaus.«

Walter schaltete sich ein. »Der Zustand ist kritisch.«

Die alte Frau fing an zu weinen. Ich wusste nicht, was wir tun sollten.

»Sie sollten zur Polizei fahren.«

»Ich kann jetzt nicht fahren, und meine Schwiegermutter hat keinen Führerschein.«

»Dann fahren wir Sie«, beschloss ich.

Walter war schon in Richtung Auto unterwegs, ich folgte ihm wenige Momente später mit den beiden Frauen, deren Leben sich jetzt für immer verändern würde. Die Ehefrau des Kaufhausdetektivs nahm vorn auf dem Beifahrersitz Platz, ich half der alten Dame hinten beim Einsteigen.

Wir steuerten das Gebäude der Polizeidirektion 2 an der Bismarckstraße an. Die alte Dame nahm meine Hand. »Sie können es mir sagen, wenn mein Sohn tot ist. Sie können es ruhig sagen.«

»Ich weiß nichts darüber, ehrlich«, log ich wieder und drückte ihre Hand.

Die wenigen Minuten Fahrt kamen mir ewig vor. Es war wie eine Erlösung, als wir vor dem großen Dienstgebäude hielten und die Treppen hinaufstiegen. Ich ging voran, stellte mich an der Wache vor und teilte dem Beamten mit, wer wir waren und wen wir dabeihatten. »Wir hatten schon versucht, die Witwe zu finden. Wieso sind Sie bei ihr?«

Warum schon, dachte ich. Weil ihr zu langsam seid. »Sie weiß noch nichts, ich habe ihr gesagt, dass ihr Mann im Krankenhaus liegt, mehr nicht.«

»Okay«, sagte der Polizist, nahm einen Telefonhörer in die Hand und wählte eine Nummer. Wenig später erschien ein ranghöherer Beamter und stellte sich den beiden Frauen vor. Anschließend geleitete er die Frau des Kaufhausdetektivs in einen Raum, wo er ihr die Todesnachricht überbringen wollte.

Die alte Dame stand neben mir, sie hatte sich an meinem Arm untergehakt, als der gellende Schrei durch die Flure hallte. Jetzt hatte sie es erfahren. Jetzt war ihre Welt verändert. Für immer. Die Frau hinter der Tür schrie noch mal, und die alte Dame an meinem Arm brach zusammen. Ich sah Walter, der den Notarzt anrief, und versuchte, die Mutter zu stützen, die gerade erfahren hatte, dass ihr Sohn gestorben war. Mehrere Polizisten kamen angelaufen, halfen mir. Kurz darauf kam ein Rettungswagen vorgefahren, und zum gleichen Zeitpunkt wurde die Witwe aus dem Raum geführt. Sie sah, wie ihre Schwiegermutter abtransportiert wurde, und sagte leise: »Nicht sie auch noch.«

Ich fühlte mich schrecklich. So etwas darf nicht zu den Aufgaben eines Reporters gehören. So etwas gehört sich schlicht nicht. Ich bin an diesem Abend nach Hause gefahren und habe lange über diesen Tag nachgedacht – und mir vorgenommen, alles dafür zu tun, dass so etwas niemals wieder geschieht.

Gewalt

Gewalt gehört zu meinem Leben wie das Wasser zum Feuerwehrmann oder die Robe zum Richter. Die Polizei kommt, wenn etwas Schlimmes passiert ist, also Gewalt in welcher Form auch immer. Und die Polizeireporter kommen, wenn die Polizei angefordert wurde.

Gewalt hat viele Formen, viele Gesichter. Sie beginnt, wenn ein angetrunkener Vater am Imbissstand im Regen nach dem dritten Bier seinen kleinen Sohn anschreit, der seinem Papi nicht mehr beim Trinken mit den Kumpanen zuschauen möchte, weil ihm kalt ist. Gewalt ist, wenn ein Dealer nach der Festnahme durch Zivilfahnder diesen blöd kommt, schwört, die Familien der Polizisten zu »ficken und dann zu töten«, und mit arrogantem Gesicht beteuert, keine Drogen bei sich zu haben, wenn er, danach gefragt, ob er das Rauschgift vielleicht heruntergeschluckt haben könnte, dies verneint. Gewalt ist auch, wenn der dann einen Faustschlag in den Magen bekommt und die kleinen in Plastik verpackten Kügelchen auskotzt – und plötzlich gar nicht mehr so hart ist. Weil man als Polizist ja nicht sicher sein kann, dass nicht schon einige dieser Kügelchen in den Darmbereich gewandert sind, bekommt der Dealer im sogenannten »Kotzkeller« der Gefangenensammelstelle der örtlichen Polizeidirektion ein Brechwurzel-Präparat verabreicht, das den Körper dazu bringt, binnen Sekunden sämtlichen Magen- und Darminhalt loswerden zu wollen. Erniedrigender geht es für einen angeblich so harten Dealer nicht, wenn er in Gegenwart der Staatsmacht auf einer Zinkschüssel sitzt, eine weitere in den Händen hält und sich in beide Richtungen entleert. Ob das heute noch erlaubt ist, wage ich zu bezweifeln. Ich war jedenfalls einmal bei einer solchen Prozedur dabei.

Gewalt ist auch das Verbreiten von Angst. Vor zwei Jahren hatten die Übergriffe auf Fahrgäste in den öffentlichen Verkehrsmitteln überhandgenommen. Die Polizei musste reagieren und schickte Bereitschaftspolizisten in die Züge, aber diese Beamten fehlten dann wieder an anderer Stelle.

Um dem Bürger zu suggerieren, dass die Staatsmacht alles für die Sicherheit ihrer Bürger tut, wurden auch gemischte Streifen losgeschickt: Polizisten zusammen mit Mitarbeitern der Berliner Verkehrsbetriebe (BVG), die auf den Bahnsteigen und in den Zügen für Recht und Ordnung sorgen, Fahrscheine kontrollieren und das Rauchen verbieten sollen. Ein Irrwitz – kein Gangmitglied lässt sich von einem unbewaffneten Mann mit weißem Hemd und blauer Weste die Marlboro verbieten, weil seine Freunde ihn dann nicht mehr ernst nehmen würden. Was soll der BVG-Mann dann tun? Gegen die Halbstarken antreten, von denen jeder mindestens ein Messer im Hosenbund trägt? Die Polizei rufen, die wegen so einer Lappalie nicht kommen würde? Er lässt sich anspucken, sich beleidigen – und geht mit dem Gefühl nach Hause, nichts erreicht zu haben. Im Gegenteil, das Selbstbewusstsein wurde verletzt. Und das tut weh, nachhaltig. Das ist auch eine Form von Gewalt.

Es gibt aber auch die kleinen Helden, die diese um sich greifende Form der Respektlosigkeit nicht hinnehmen wollen und sich dagegen auflehnen. Ein Fotograf und ich hatten die Genehmigung erhalten, eine gemischte Streife bestehend aus zwei Polizeibeamten und zwei BVG-Mitarbeitern zu begleiten – in Wedding, einer der härtesten Gegenden der Stadt, vor allem im Untergrund, vor allem nach Einbruch der Dunkelheit. Die beiden Polizisten arbeiteten sonst auf einem anderen Abschnitt, in einer ebenfalls harten Gegend, aber sie hatten keine Lust auf diesen Auftrag. Ronny, ich meine mich zu erinnern, dass dies der Name des BVG-Mannes war, der von einer dicken und liebevollen Kollegin begleitet wurde, hatte Herz. Er war klein, hatte wenig Haar und einen Ohrring, und ich vermutete, dass er schwul war. Er ging knallhart auf die Gangs los, wenn diese auf den Bänken herumlümmelten, so dass sich alte Menschen nicht mehr dorthin trauten, obwohl sie sich gern gesetzt hätten, um auf den Zug zu warten.

Ronny hatte keine Angst. Später, bei einer scharfen Currywurst und einer Cola, als die Polizisten mit ihrer Dienststelle telefonierten, ließ er seinen Frust ab. »Weicheier. Ich könnte aus der Haut fahren. Da gehe ich lieber alleine los als mit denen. Die haben Waffen, aber keine Eier. Pfui. Ein zahnloser Köter wäre härter.« Ronny war stocksauer. Zehn Minuten zuvor waren 15 junge Türken in den Bahnhof gekommen. Einer von ihnen hatte sich – seine Freunde hinter sich wissend – vor den vier Ordnungshütern aufgebaut und gefragt, ob sie »die S-Bahn-Polizisten« seien. Und einer der Polizisten hatte dies auch noch bejaht. »Wir können es kaum erwarten, ein paar von euch abzustechen. Ihr fickt doch abends eure Väter, ihr Schwuchteln. Wir töten euch, irgendwann.« Die Polizisten hatten nichts unternommen, sondern sich weggedreht. Und Ronny flippte beinahe aus. »Das war Bedrohung, Nötigung, was weiß ich. Warum nehmt ihr euch die nicht vor?«, rief er außer sich vor Wut. »So was hören wir jeden Tag«, gab der Polizist nur zur Antwort.

»Aber wenn die schon vor euch und euren Knarren keinen Respekt haben, wie dann vor Leuten wie uns?«, schimpfte Ronny, und er hatte recht. Der Polizist zuckte mit den Schultern und holte eine Stulle aus seinem Rucksack.

Man gewinnt leider den Eindruck, dass die Leute immer mehr den Respekt vor anderen Menschen und deren Gesundheit verlieren, vor dem Leben selbst. Ende 2012 erschütterte ein Gewaltverbrechen die Stadt, aber die Wirkung machte sich nur schleichend breit. Beim frühmorgendlichen Rundruf bei verschiedenen Polizeidienststellen hörte ich von einer Schlägerei unweit des Alexanderplatzes – und damit ganz in der Nähe des Roten Rathauses. Ein junger Mann sei von mehreren Angreifern verprügelt worden, man habe auf ihn eingetreten, auch dann noch, als er bereits am Boden gelegen habe. Ein Kumpel bei der Polizei sagte leise, damit es seine Kollegen nicht mitbekamen: »Der Kerl wird es nicht schaffen. Er hat schwerste Hirnverletzungen. Die Ärzte rechnen jeden Moment damit, dass er stirbt.«

Ich musste ziemlich Druck machen in der Redaktion, bis die Verantwortlichen begriffen, dass dieser Fall nicht eine der üblichen Schlägereien unter Gangs war, sondern dass es einen »normalen« Menschen getroffen hatte. Das Opfer war ein 20-Jähriger, der mit zwei Freunden aus einem Club gekommen war. Ja, sie hatten getrunken, aber das ist nicht verboten, schon gar nicht an einem Wochenende. Den ersten Darstellungen nach hatten das spätere Opfer und sein Begleiter ihren Freund auf einen Stuhl vor einem ob der

Nachtzeit bereits geschlossenen Restaurant setzen wollen, weil dieser Freund nach einigen Drinks zu viel nicht mehr laufen konnte. Dann waren die Schläger gekommen und hatten wohl ebendiesen Stuhl zum Spaß weggezogen. In der Folge gab es eine Schlägerei, mehrere gegen diese beiden. Der 20-Jährige blieb liegen, während die Brutalos flüchteten. Der junge Mann atmete nicht mehr, als die Rettungskräfte der Feuerwehr eintrafen. Ein Notarzt konnte ihn reanimieren und so weit stabilisieren, dass er überhaupt transportfähig war, die Ärzte in der nahe gelegenen Klinik machten sich aber bereits nach einer ersten Untersuchung keine Hoffnungen mehr. Kurz darauf wurde der Hirntod festgestellt, dann wurden die lebenserhaltenden Geräte abgestellt. Berlin und der Rest der Republik hielten den Atem an – in Berlin war ein junger Mann auf offener Straße zu Tode geprügelt worden. Sein Name: Jonny K.

Es wäre vermessen, an dieser Stelle den Versuch zu wagen, das Leid der betroffenen Familie beschreiben zu wollen. Das geht nicht. Das will ich auch nicht.

Interessant war zu beobachten, was hinter den Kulissen in der Politik und bei den Sicherheitsbehörden geschah. Es gab Ankündigungen der zuständigen Sicherheitsexperten der einzelnen Parteien, etwas unternehmen zu wollen, und neue Dienstpläne bei der Polizei, die vermehrte Präsenz am Alexanderplatz vorsahen durch Bereitschaftsbeamte der Bundes- und Länderpolizei sowie durch zivile Einheiten beider Behörden. Und doch wussten alle, dass dies nur für die Galerie war und nur für ein paar Wochen lang. Mehr war gar nicht drin, weil die Kapazitäten dafür auf lange Sicht überhaupt nicht vorhanden sind, weil bei der Polizei in Berlin immer gespart worden war. Aber nach dem Tod von Jonny K. – aufgrund der folgenden gesellschaftlichen Debatte und der über die Grenzen Deutschlands hinausgehenden Frage, ob man in der Hauptstadt Deutschlands überhaupt noch sicher sei – wollte man Stärke zeigen, zumindest so lange, bis das Kerzenmeer am Tatort nicht immer noch größer wurde und sich die Menschen nicht mehr fragten: »Was, hier? Am Amtssitz des Regierenden Bürgermeisters?«

Die Polizisten und Polizistinnen, die da in den Dienst geschickt wurden, übernahmen ihre Aufgabe mit Entschlossenheit und Biss. Mein Freund und Fotografenkollege Sergej und ich begleiteten sie einmal nachts im Einsatz. Und diese eine Nacht sollte, trotz 26 Jahren Berufserfahrung, meinen Blick auf die Gesellschaft, die Jugend und die Stadt als solche noch mal grundlegend verändern. Mit einem Satz: Ich war verstört, entsetzt, wollte augenblicklich die Auswanderungspläne meiner Familie nach Down Under in die Tat umsetzen, um sie vor all den Wahnsinnigen zu beschützen.

Wir waren einer Bereitschaftsabteilung der Bundespolizei zugeteilt worden, großen Typen, die ob der Ausrüstung samt Körperschutz und Bewaffnung noch martialischer aussahen. Sergej und ich sollten uns wie Zivis kleiden, damit man uns der Einheit zurechnen würde, wenn es hart auf hart kam. Und es kam hart auf hart, mehrfach an diesem Abend.

Ich stelle mir vor, ein Tourist aus dem Ausland zu sein, der viel über Berlin gelesen hat; über die Straße Unter den Linden, die Prachtbauten rechts und links, über den Fernsehturm gleich um die Ecke am Alexanderplatz. Das Reisebüro in meinem Heimatland hätte mir gesagt, dass es nach dem internationalen Flug nach Frankfurt oder München mit dem Zug nach Berlin ginge, genauer: Berlin Alexanderplatz. Nun fährt man also in gespannter Erwartung – man ist das erste Mal im Leben in Deutschland und freut sich auf die Kultur und die Historie – die letzten Stationen Richtung Alex, wie es in Berlin so schön heißt. Der Zug verlangsamt, man sieht die Lichter, »Berlin Alexanderplatz« wird als nächster Halt angekündigt, und man schnappt sich seine Sachen. Man öffnet die Tür, betritt den Bahnsteig – und spätestens am Ende der Rolltreppe bekommt man unweigerlich das Gefühl, in einem Irrenhaus gelandet zu sein, in einer anderen Welt.

Fast jeder trinkt am Wochenende auf dem Bahnhof: die jungen Rechten, die auf die »Kanacken und die Fidschis« schimpfen, die frustierten Arbeiter, die ihr Feierabendbier bereits in der Bahn trinken und laut rülpsen, die jungen Frauen, die teils prostitutionsgleich aufgestylt vorglühen, weil der Alkohol in den Clubs zu teuer ist. Betrunken muss man sein, betrunken sein gilt als cool, betrunken sein ist hier Pflicht. Aber es trinken auch die Pärchen, die dem Anschein nach aus gutem Haus kommen, der Kleidung nach auf dem Weg ins Theater sind, glatt rasiert der Mann, edel geschminkt die Frau und jeder eine Flasche Sekt in der Hand. Es trinken 14-Jährige, und man stellt sich die Frage, was die spätabends am Alexanderplatz zu suchen haben.

Wer sich jetzt denkt, dass das Imponiergehabe, das Gegröle und Gerülpse ein Ende haben, wenn die Bereitschaftspolizisten um die Ecke kommen, der irrt. Respekt gibt es da kaum noch. »Mach mal 'nen Abflug, Alter«, heißt es dreist, als an dem betreffenden Abend ein 1,90-Meter-Hüne der Polizei einen pickligen Skinhead nach dessen Ausweis fragt. Erst als die Staatsmacht richtig bedrohlich wird, wird der Skinhead kleinlaut und zeigt das Dokument.

Ein Funkspruch geht ein: Im Bahnhofsinneren sollen sich zwei Mädchen prügeln. Die Einheit rennt rein, wir hinterher. Tatsächlich schlagen zwei junge Frauen aufeinander ein, Musliminnen dem Anschein nach, in knapper Kleidung, überschminkt, die Mähne steif vom Haarspray. Mit ihren langen Fingernägeln gehen sie aufeinander los. Worum es geht, weiß eigentlich keiner so genau. Die Freunde der Mädchen kommen dazu, auch die wollen sich ans Leder, die Bundespolizisten versuchen zu schlichten. Potenziell können in einer solchen Situation stets Waffen im Spiel sein. Es gibt Platzverweise, jedes Pärchen muss in eine andere Richtung gehen, einen anderen Ausgang nehmen, die verbalen Attacken lassen jedoch nicht nach. Werden sogar noch lauter, je weiter sich die Streitparteien voneinander entfernen. Um die Ecke steht eine junge Familie, bepackt mit Koffern und Rucksäcken. Alle hellblond, es müssen Schweden sein. Der Vater, um die 40, hat einen etwa neunjährigen Sohn an der Hand. Die Mutter ist vielleicht Anfang 30, das Mädchen an ihrer Seite um die vier Jahre alt. Ihnen steht die nackte Angst ins Gesicht geschrieben, als sie das Gebrüll hören, die Polizei erst nicht sehen. Dann zeichnet sich ein Ausdruck der Erleichterung auf den Gesichtern der Eltern ab. Ich gehe zu ihnen, sie halten mich wohl für einen Zivilbeamten, wie ich da mit meiner schwarzen Tarnjacke und der Schutzweste auf sie zukomme. Ob es hier einen Taxistand gebe, wollen sie wissen. Ich zeige ihnen die Richtung. Die kommen nicht wieder, denke ich bei mir.

Dreimal hatte unsere Einheit an diesem Abend schon eine Gruppe Neonazis des Platzes verwiesen. Trotz markiger Aufnäher auf den Jacken und szenetypischer Frisuren gaben sich diese Herrschaften halbwegs friedlich, aber sie waren volltrunken und laut und machten den anderen Passanten Angst. Die mutmaßliche Anführerin, eine etwa

30-Jährige mit kahlem Schädel und langem Haar im Nacken, hatte sich bei diesen ersten drei Treffen witzig gegeben. Eine Flasche Wodka in der Hand haltend, hatte die 120-Kilo-Frau mit schwerer Zunge hinter dunkelbraunen und nicht mehr ganz vollständigen Zahnleisten den Teamführer angeflirtet.

Dann, am späten Abend, wurde unsere Einheit wieder zum Platz vor dem Fernsehturm gerufen. Die Neonazis hatten sich mit anderen Streithähnen in die Wolle bekommen. Es floss Blut, es flogen Zähne, als eine Bierflasche in einen Unterkiefer einschlug, und der Lebensgefährte von Nazi-Miss-Piggy stand, die Hände auf dem Rücken gefesselt, an der Wand. Er heulte wie ein Schlosshund. Sein ganzes Leben sei beschissen, er sei ein beschissener Alki – das ganze Programm der Verlierer am Wochenende. Wehe dem, der solchen Truppen im Dunkeln allein in die Hände fällt.

Je später der Abend wurde, desto angriffslustiger wurden die Bekloppten. Sergej und ich standen mit einer Zivilbeamtin der Bundespolizei 20 Meter vom Eingang des Bahnhofes Alexanderplatz entfernt. Es hatte sich gezeigt, dass man uns tatsächlich für Zivilbeamte hielt – so war es ja gewollt, das diente auch unserem Schutz –, denn kurz zuvor war eine Berliner Polizeieinheit bei uns erschienen. Der Teamführer hatte sich mir vorgestellt, seinen Plan für die Nacht mitgeteilt und nach »unseren Maßnahmen« gefragt. Glücklicherweise hatten sich die Bundespolizisten eingemischt und sich als meine Vorgesetzten ausgegeben, um mir eine unangenehme Situation zu ersparen.

Also, wir sahen aus wie Bullen. Und trotzdem hatte es ein Zwei-Meter-Mann mit einem Bierkasten auf der Schulter auf mich abgesehen. Als er uns passierte, glotzte er mich blöd an. Ich glotzte zurück, und da blieb er nach 20 Metern mit seinen beiden Begleitern stehen, stellte seinen Kasten ab und fixierte mich. »Michi, der hat Bock auf dich«, sagte Sergej. Nur zum Verständnis: Geschätzte zehn Meter hinter uns standen etwa 30 Bereitschaftspolizisten. Ich guckte also so lange, bis er seinen Kasten wieder schulterte und ich alle Pläne im Falle einer Attacke seinerseits verwerfen konnte. Wenn solche Typen aber schon darüber nachdenken, einen vermeintlichen Zivilbeamten anzugreifen, was passiert dann anderen Menschen? Manche werden zu Tode geprügelt. Wie Jonny K.

Ich sollte später Jonnys Schwester kennenlernen und seinen Freund, der in der Tatnacht schwer verletzt worden war. Die Täter wissen gar nicht, welches Leid sie anrichten mit ihren manchmal nur Minuten dauernden Attacken, wie viele Leben sie verändern oder gar zerstören. Mit Tätlichkeiten, die sie selbst »als krass geil« beschreiben und für die sie in vielen Fällen kaum zur Verantwortung gezogen werden können, weil es keine Beweise gibt; weil niemandem der eine genau tödliche Tritt nachgewiesen werden kann; weil sich alle über ihre Anwälte absprechen, sich gegenseitig beschuldigen und somit Verwirrung stiften. Der Aufschrei nach Fällen wie dem von Jonny K. ist groß, und das ist gut. Das juristische Nachspiel ist minimal. Und die Täter kommen mit einer kleinen Strafe davon und lachen über die lasche Justiz in Deutschland. Das ist politisch gefährlich.

Der Verfassungsschutz und die Stasi

Das Ganze begann eigentlich wie ein schlechter Scherz. Bei einer großen Berliner Boulevardzeitung und zeitgleich bei einer großen Nachrichtenagentur gingen anonyme Schreiben ein, dass ein ranghoher und bekannter Polizeiführer Mitglied der Scientology-Kirche sei. Die Sache schlug nach der Veröffentlichung ein wie eine Bombe. Ein einflussreicher Beamter in den Reihen einer sogenannten Psycho-Sekte? Einer, der vielleicht geheime Informationen weitergab? An eine Organisation, die unter Beobachtung des Verfassungsschutzes stand? Der Mann wurde bis zur Klärung von seinem Posten abgezogen und blieb zunächst zu Hause.

Mein Kollege Dirk und ich hängten uns in die Sache rein. Wir kannten den Polizeibeamten durch unsere Arbeit, ich sogar seit Jahren. Der sollte bei einer Sekte sein? Das konnte ich mir nicht vorstellen. Aber der Mann wurde bereits öffentlich diffamiert. Eine interessante Story: Konnte jemand, der die Vorgehensweisen der Sicherheitsbehörden aus dem Effeff kannte, der wusste, wie der Verfassungsschutz arbeitet – konnte so jemand tatsächlich so verrückt sein und seine Karriere für die Mitgliedschaft in einer Sekte riskieren? Uns erschien das unrealistisch.

Die Berliner Innenverwaltung ließ den Fall prüfen. Bei den eingeleiteten Untersuchungen meldete sich schließlich auch das Berliner Landesamt für Verfassungsschutz zu Wort – die »Schlapphüte« hatten einen Informanten innerhalb der Scientology-Kirche. Der sei zu dem Polizeiführer befragt worden, und man sei zu dem Ergebnis gekommen, dass der Beamte tatsächlich bei Scientology verkehrte. Ein anonymes Schreiben mit einer brisanten Information, bestätigt durch eine »Quelle« des Berliner Nachrichtendienstes? Das Ding war so gut wie festgezurrt, und die Schlinge um den Hals des Polizeiführers wurde immer enger. Der Mann war so gut wie erledigt. Mir und meinem Kollegen kam die Sache allerdings eher wie eine Intrige vor, und wir recherchierten weiter, während wir parallel die normale Polizeiberichterstattung zu gewährleisten hatten.

Dann veröffentlichte ein bundesweit verbreitetes Nachrichtenmagazin, dass der Mitarbeiter des Verfassungsschutzes, der den Beamten in Befragungen durch das LfV belastet hatte, aus der DDR stammte und dort früher als Informant für das Ministerium für Staatssicherheit gespitzelt hatte. Was für ein Zeuge.

Nun hängten wir uns richtig rein. Ich kann an dieser Stelle nicht alle Wege unserer Recherche dokumentieren, aber wir hatten schnell den Klarnamen des Verfassungsschutzmitarbeiters und seine Adresse. Also fuhren wir hin. Der Informant entsprach nicht dem Bild der V-Schutz-Quelle, das wir hatten. Ein Mann, an die 80 Jahre alt, öffnete uns die Tür und war überrascht, als wir uns vorstellten. Man hatte ihm eine kleine und saubere Wohnung besorgt. Die Räume rochen nach Zigarettenqualm, an mehreren Stellen lagen Medikamentenpackungen mit Mitteln gegen Sodbrennen. Ja, er habe früher für die Stasi gearbeitet.

Aber er sei dann irgendwann aus der Pflicht entlassen worden. Er sei einer, der immer etwas zu tun haben müsse. Jetzt im Alter sei dieser Drang wieder bei ihm durchgekommen, etwas tun zu müssen. Also habe er sich für die Scientologen interessiert und sich dem Nachrichtendienst als Informant angeboten. Bei der Frage, ob er den Beamten denn wirklich identifiziert habe, wurde er unruhig. Nein, so richtig habe er das ja nicht gesagt hatte. Der Mann wich aus. Wir hatten den Eindruck, dass er sich hatte wichtig machen wollen und niemals damit gerechnet hatte, dass seine Aussagen einen solchen Wind in Berlin verursachen würden.

Pikant war in diesem Zusammenhang aber vor allem eines: Der Berliner Verfassungsschutz hatte stets behauptet, keine Mitarbeiter des einstigen Feindes – des Ministeriums für Staatssicherheit – in den eigenen Reihen zu beschäftigen. Diese Aussage musste nun in einem anderen Licht betrachtet werden, denn der alte Mann war tatsächlich ein IM, also ein inoffizieller Mitarbeiter, gewesen. Pikant.

Die Recherche zog sich hin, wir schnüffelten herum und bohrten alle Quellen an, die wir hatten. Einige Tage später erhielten wir eine wichtige Information – eine unglaubliche Information. Demnach sollte auch der Stiefsohn des letzten Chefs der Stasi nach der Wende eine »Verwendung« beim Berliner Verfassungsschutz bekommen haben. Wir hatten eine gute Quelle bei dem Nachrichtendienst, die Information war sicher, und wir verbreiteten sie. Diese Entdeckung warf ein ungutes Licht auf die Berliner Sicherheitsbehörden.

Am nächsten Morgen, ich saß als Polizeireporter-Frühdienst im Büro, klingelte mein Telefon. Ebender Stiefsohn des letzten Stasi-Chefs war am Telefon. Wie zu erwarten, war er nicht gerade fröhlich. Er brüllte, er war unfreundlich und drohte mir. Ich bot ihm an, sich entweder sofort mit mir vor der Tür des Verlages zu treffen, um die Sache zu klären, oder sich abzuregen und sich mit Dirk und mir in Ruhe zu verabreden. Der Mann beruhigte sich tatsächlich, und wir vereinbarten ein Gespräch am Abend in einem griechischen Restaurant unweit des Checkpoint Charlie.

Wir wussten nicht, wie der Mann aussah, und doch waren Dirk und ich uns einig, ihn vor uns zu haben, als ein Mann Mitte 40 das Lokal betrat. Obwohl er ruhig wirkte, waren wir auf der Hut. Der Mann setzte sich zu uns an den Tisch und ließ erst einmal ein paar Minuten lang seinen Frust ab. Dann musste er beinahe grinsen. »Ich trage Zeitungen aus, wenn ich nicht gerade für die Truppe etwas mache. Da ziehe ich nun morgens mit meinem Handwagen durch Kreuzberg und lese die Schlagzeile, dass der Sohn des letzten Stasi-Chefs beim Verfassungsschutz angeheuert hat. Und da fällt mir ein, dass das ja ich bin. Gar nicht witzig. Mein Stiefvater hat wenig später angerufen und mich rundgemacht, wie ich denn beim Feind anheuern konnte. Das war kein nettes Gespräch. Und jetzt muss ich mal einen Schnaps trinken, den ihr zahlt nach der Nummer. Einen doppelten Wodka«, rief er dem Kellner zu.

Ich müsste lügen, wenn ich sagte, dass der Kerl nicht heiter war und wir nicht viel gelacht hätten. Allerdings waren wir entsetzt, als er erzählte, dass die Stasi zu Zeiten des Kalten Krieges keine Quellen beim Verfassungsschutz in Berlin brauchte, weil der westliche Dienst »so löchrig war, dass man von der anderen Seite aus alles mitbekam, was man in Ostberlin so wissen wollte«.

Uns interessierte vor allem, ob es weitere Ex-Stasi-Leute beim Berliner Dienst gab. Aber der Mann gab sich bedeckt. Zu solchen Sachen würde er sich nicht äußern. Schließlich sei er kein Verräter. Wir tranken noch einen Wodka zusammen, dann ging der Mann in die Nacht hinaus, um am nächsten Tag wieder Zeitungen auszutragen. Beim Berliner Verfassungsschutz war seine Zeit vorbei.

Wir kontaktierten unsere Quelle beim Verfassungsschutz und baten um ein schnelles Treffen. Bereits am nächsten Mittag fand es statt. Wir blufften und sagten, dass wir die Information bekommen hätten, dass es einen weiteren ehemaligen Stasi-Mann in den Reihen des Westberliner Dienstes geben solle. Der Mann atmete tief ein und wieder aus. Ja, da solle es noch einen geben. Aber er kenne den Namen nicht. Und gesichert sei die ganze Sache auch nicht. Nicht jeder Mitarbeiter des Dienstes habe kompletten Einblick in die Arbeit anderer. So sei das eben. Schon aus Sicherheitsgründen. Das müssten wir verstehen. Aber an sich, so sagte er, sei der Skandal doch bereits jetzt ein großer. So redete er eine halbe Stunde lang, ohne etwas für uns Relevantes mitzuteilen. Wir waren enttäuscht, da wir uns mehr von diesem Treffen erwartet hatten. »Und wenn jetzt noch die Sache von diesem Schatzmeyer herauskommt, dann wird es ganz schlimm«, sagte er. Wir fragten nicht nach, denn mehr konnte er für uns nicht tun.

Wir verließen seine Wohnung und fuhren zurück ins Büro. Dirk saß am Steuer seines alten Citroëns. Er stand auf Udo Lindenberg und spielte unseren Song: »Gegen die Strömung, gegen den Wind, lass sie doch labern, blöd wie sie sind.« An dieses Lied mussten wir oft denken, wenn manche Vorgesetzten unsere Geschichten nicht verstanden oder uns bekämpften, weil wir unbequem waren.

Ich wählte die Nummer unseres Archivs und fragte, ob der Name Schatzmeyer bereits einmal aufgekommen sei. Die Kollegin wollte das überprüfen und sich dann telefonisch melden, was sie wenig später tat. Sie hatte den Mann gefunden, den Stasi-Bürgermeister in Westberlin. Ich verstand nicht – Stasi-Bürgermeister? In einem Westbezirk der Stadt? Das konnte nicht passen. »Sie verstehen mich falsch«, sagte die Frau. »Es gab mal einen Bericht über die Pläne der DDR, Westberlin zu schlucken. Es gab Kommando-Pläne, was mit der Bevölkerung zu tun sei und wer dann in den einzelnen Abschnitten Westberlins das Sagen haben soll. Ein Herr Schatzmeyer war im Fall einer erfolgreichen feindlichen Übernahme für den Posten in einem Westberliner Bezirk vorgesehen.« Das saß. »Haben Sie einen Vornamen?«, wollte ich wissen. »Ja, Peter.«

Ich erzählte Dirk von den neuesten Entwicklungen, und er fuhr an die rechte Fahrbahnseite. »Das gibt's nicht. Wenn das stimmt, dass der V-Schutz solche Leute für sich einsetzt, dann können die zumachen.«

Die Story wuchs, aber wir hatten leider nicht die Gewissheit, dass der Mann, den unsere Quelle meinte, tatsächlich die Schachfigur des MfS nach dem Fall Westberlins war – denn wir hatten von unserem Informanten keinen Vornamen genannt bekommen.

Unser Bauchgefühl sagte uns: Es konnte anders nicht sein, also schrieben wir die Story auf. Wir waren fest davon überzeugt, dass sie stimmte. Und wir konnten, im Nachhinein betrachtet, froh sein, dass die Chefredakteure damals noch nicht wegen jeder Sache die Rechtsabteilung mit einer Bewertung beauftragten. Denn ganz ehrlich, die Sache war zwar in sich logisch und konnte anders nicht sein, aber wir reizten auf den Skat.

Gegen 20 Uhr – wir hatten unseren Text abgegeben – saßen wir unweit des Verlages in Dirks Auto und tranken Dosenbier. »Und wenn er es nicht ist?«, fragte ich ihn.

»Dann haben wir jedenfalls ordentlich Staub aufgewirbelt, auch wenn es nur für einen Tag war«, sagte mein Freund und suchte nach der Lindenberg-CD. »Die Sache geht nicht anders. Wir haben alles geprüft, es kann nur dieser Kerl sein, selbst wenn wir den Vornamen nicht haben.«

»Ich ruf jetzt unseren Mann an«, sagte ich und tippte die Nummer in die Tastatur meines Mobiltelefons. Unser Informant meldete sich. »Hallo, guten Abend. Eine Frage nur. Haben Sie zufällig den Vornamen von Herrn Schatzmeyer?«

»Nein, den kenne ich nicht. Tut mir leid.«

»Wir haben im Archiv entdeckt, dass es einen Mann des MfS gab, der nach einer möglichen feindlichen Übernahme Westberlins durch die NVA für Wilmersdorf zuständig sein sollte.«

»Davon weiß ich nichts, tut mir leid.«

»Wir haben die Geschichte aufgeschrieben, und sie wird morgen erscheinen.«

»Sie sind mutig, ohne den Vornamen.«

Kein gutes Gefühl.

»Werden wir am Tag darauf noch einen Job haben?«

»Das kann man nie wissen.«

Eine klasse Antwort.

»Okay, dann vielen Dank und entschuldigen Sie die Störung.« Ich wollte auflegen.

»Herr Behrendt?«

»Ja?«

»Ja!« Dann legte er auf.

»Also«, sagte ich zu Dirk und schilderte ihm den Teil des Gesprächs, den er nicht hatte mithören können. »Ich werte das als Bestätigung.«

»Ja, im Film wäre es so. Und, was meinst du?« Wir konnten den Andruck der Story um diese Zeit noch stoppen.

»Ich glaube, dass wir richtigliegen.«

»Ich auch.«

»Dann rufen wir jetzt niemanden an und gehen in den Irish Pub um die Ecke.«

»Damit liegst du richtig.«

Ich erwachte am nächsten Morgen mit einem komischen Gefühl. Ich war zart verkatert und schaute ängstlich auf den Bildschirmtext, während meine Frau Kaffee kochte und unser Hund mit der Leine in der Schnauze vor mir saß.

Der Innensenator lud ein zur Pressekonferenz. Dort wurde am Abend verkündet, dass das Landesamt für Verfassungsschutz nach den jüngsten Enthüllungen zur Beschäftigung ehemaliger Stasi-Männer als eigenständige Behörde abgeschafft und als eine Abteilung bei der Senatsverwaltung für Inneres angesiedelt werden sollte. Zehn zu null für uns.

Am Tag darauf sagte unser damaliger Chefredakteur von oben herab, dass eine andere Tageszeitung schneller gewesen sei und die Umstrukturierung des Verfassungsschutzes als Erste an die Agenturen gegeben habe. Dass dies alles wegen unserer Berichterstattung geschehen war, fiel hinten runter. Aber das war uns egal. Wir hatten ein gutes Blatt gehabt, hatten auf den Skat gereizt und den Kreuz-Buben gefunden. Ende.

Der Polizeiführer wurde rehabilitiert und bekam Schadensersatzzahlungen vom Land Berlin – er war niemals Mitglied der Scientologen gewesen. Die Scientology-Kirche durfte nach dieser Sache nicht mehr vom Verfassungsschutz beobachtet werden. Die Drahtzieher der Affäre wurden nie bekannt.

Krawall

Steinefressen. So nennen es die Bereitschaftspolizisten und all jene Reporter, die Jahr für Jahr am 1. Mai – oder bei anderen Großdemonstrationen – »auf der Straße sind«, wenn sich die Linksextremisten in Kreuzberg versammeln und den Tag der Arbeit in einen Tag des Feuers, in einen Tag der brennenden Autos verwandeln wollen. Heute strömen an diesem Tag dazu noch Gymnasiasten aus vielen Bundesländern nach Berlin, »erlebnisorientierte Jugendliche«, wie sie genannt werden. Sie hören Bono von U2 über den Bloody Sunday in Nordirland singen und träumen von der großen Revolution. Oft schon haben wir gesehen, wie picklige Oberschüler mit einem frisch im Kiezshop erworbenen Palästinensertuch einen der zahlreichen am Boden liegenden Steine aufhoben und in Richtung der Einsatzkräfte warfen – und dies mit dem iPhone festhielten. Doch wer einen Pflasterstein oder einen Molotowcocktail auf einen Menschen schleudert, sei dieser auch durch Helm und Spezialausrüstung geschützt, der begeht meinem Verständnis nach einen versuchten Mord. Denn jedem muss klar sein, dass ein Kopftreffer mit einem solchen Wurfgeschoss den Tod oder zumindest schwerste Hirnverletzungen zur Folge haben kann. Ich habe es selbst gesehen, wie am Kottbusser Tor ein Zivilbeamter bei Ausschreitungen am 1. Mai einen Gewalttäter festnehmen wollte und aus maximal drei Meter Entfernung von mehreren Personen mit Pflastersteinen angegriffen wurde. Mein Kollege Nico und ich haben den Tätern von hinten in die Beine getreten und sie so zu Boden gebracht, damit der Polizist abhauen konnte. Es wäre eine Frage von wenigen Sekunden gewesen, bis einer der Steine seinen Kopf getroffen hätte. Wir mussten danach in die Redaktion fahren, denn nach diesem Zwischenfall waren wir »verbrannt«, wurden wie so oft selbst für Zivi-Bullen gehalten. Ich habe kein Verständnis für solche Gewaltausbrüche. Die DDR-Bürger haben eine Mauer niederdemonstriert, ohne einen Stein in die Hand zu nehmen.

Natürlich – ich bin mir dessen bewusst – bin ich in solchen Fragen parteiisch, denn ich habe Freunde und Bekannte bei den Einheiten, die am 1. Mai »rausgehen«; die bei manchmal 30 Grad Hitze in Vollmontur lange Stunden durch den Kiez rennen müssen; die von Steinen getroffen werden, nicht selten in den Rücken. Ich habe sie vor und nach dem Einsatz gesprochen, sie mit ihren Kindern gesehen, denen sie nicht erzählen, was da so alles passieren kann.

Aber ich habe im Gegenzug auch fotografiert, wie ein *Stern*-Fotograf und eine Kollegin in den frühen 90er-Jahren von einer Einheit der Bereitschaftspolizei in eine »Wanne« gezogen wurden, wie man die alten Mercedes-Mannschaftswagen nannte. Als sie rauskamen, sahen sie aus »wie ein Teller bunter Knete«, wie es im Polizeijargon für Blessuren nach einer Schlägerei heißt. Nur hatten die beiden nichts getan, außer eine Festnahme zu fotografieren. Beide waren verletzt, die Ausrüstung war beschädigt. Ein Kollege der *Morgenpost* und ich fotografierten die Szene, wurden ebenfalls angegriffen, mussten uns wehren. Drei Bereitschaftspolizisten hatten sich dabei besonders hervorgetan, und zwei von ihnen erkannte ich wieder. Der *Stern*-Reporter fragte mich, ob ich als Zeuge für ihn vor Gericht erscheinen würde, was ich tat. Im Vorfeld allerdings kam es zu einer offiziellen Gegenüberstellung. In einem großen Saal der Polizei standen an diesem Morgen mindestens 50 Beamte in ihren grünen Einsatzanzügen und mit den weißen Helmen. Jeder von ihnen hatte eine Nummer in der Hand. Ich wurde in den Raum geführt und sollte auf die Beamten zeigen, die meiner Meinung nach auf die Kollegen eingeschlagen hatten. Ich erkannte zwei von ihnen anhand ihrer Bärte wieder. Dann musste ich den Saal verlassen, um fünf Minuten später erneut dorthin geführt zu werden. Mittlerweile hatten die Polizisten die Nummern getauscht, ich erkannte die zwei dennoch wieder. Und ich war mir sicher, diese Schläger mit Dienstausweis vor Gericht überführen zu können.

Doch es sollte nicht klappen. Vom Anwalt der Beschuldigten befragt – beide befanden sich auf der Anklagebank –, wer welchen Schlag zu welcher Zeit ausgeführt hatte, teilte ich meine Erinnerungen mit und deutete auf den Rädelsführer. Dann zeigte mir der Strafverteidiger ein von mir gemachtes Foto und fragte, wer welcher Mann auf der Aufnahme sei. Ich schaute auf den Abzug und zeigte dann nacheinander auf die Polizisten. Der Jurist bedankte sich lächelnd und legte mir anschließend Ausschnittvergrößerungen meiner Fotos vor. Beide Beamten waren etwa gleich groß, hatten die gleiche Statur und fast den gleichen Bart. Ich musste meine Aussage revidieren, und der Anwalt bedankte sich erneut. Diesmal lächelte er nicht mehr, er grinste. Um es zu verkürzen: Die beiden wurden freigesprochen, weil der Zeuge Behrendt nicht zweifelsfrei hatte zuordnen können, wer genau welchen Schlag ausgeführt hatte. Dass beide an dem Gewaltausbruch beteiligt waren, interessierte den Richter nicht.

Die Ausschreitungen am 1. Mai waren früher härter als heute und unübersichtlicher. Wir mussten uns auch als Reporter schützen, denn es kam immer wieder vor, dass Journalisten zusammengeschlagen wurden, wenn sie etwas Brisantes aufnahmen oder Zeuge wurden. Nico hatte zu dieser Zeit auf dem Flohmarkt einen Händler aufgetan, der mit ausrangierter Militärausrüstung der amerikanischen Streitkräfte handelte, und für sich und mich jeweils eine alte Splitterschutzweste besorgt. Wir trugen sie nicht, weil wir wie Kriegsreporter aussehen wollten, sondern weil die Dinger einen echten Schutz gegen die Schlagstock-Hiebe der Bereitschaftspolizisten boten. Dann passierte es, an der Skalitzer Straße. An einer Absperrung zeigte Nico – er trug die Weste über dem T-Shirt, auf der Brust klebte wie bei mir weißes Isolierband mit dem Wort »Presse« – seinen Presseausweis und wollte durch die Beamtenkette. Ein großer Bereitschaftspolizist verwehrte ihm den Durchgang, tippte gegen die Weste und sagte in einem unmöglichen Ton: »Das ist passive Bewaffnung, du Wichser.«

»Wie bitte?«, fragte mein Kollege, für die unverschämte Wortwahl und den Ton des Polizisten noch relativ nett, und ich hoffte innigst, dass der Beamte Nico nicht schubsen würde. Genau das geschah aber drei Sekunden später. Der Polizist fühlte sich stark und überlegen und stieß Nico gegen die Brust. Der fiel nach hinten, fing sich ab und ging, ohne zu zögern, auf die Beamten los. Die wussten nicht, dass sie einen Vollkontakt-Karate-Kämpfer mit schwarzem Gürtel vor sich hatten, der alles hatte, nur keine Angst. Um es kurz zu machen: Wir haben uns mit den Polizisten gerollt. Die waren in der Überzahl, wir steckten ein, teilten aber auch aus. Ein, zwei Minuten lang ging das so, bis ein ranghöherer Beamter dazukam und die Sache beendete. Ob einer von uns – und damit sprach er seine Leute genauso an wie uns – Anzeige gegen den Kontrahenten erstatten wolle, fragte er. Beide Parteien verneinten. Damit war die Sache beendet, man ging auseinander, jeder für sich noch eine Beleidigung zischelnd. Heute? Undenkbar. Heute gäbe es deswegen eine Sondersitzung im Ausschuss der Innenverwaltung, das ganze Programm. Aber es liegt, wie gesagt, lange zurück, Anfang der 90er-Jahre, als in den Kameras noch Filme steckten und die wenigsten ein Handy hatten.

Zwei Jahre zuvor hatte Berlin – nachdem alle Welt begeistert auf diese Stadt nach dem Mauerfall geblickt hatte – eine seiner schlimmsten Schlachten ertragen müssen. Als einer, der aus verschiedenen Bürgerkriegsländern berichtet hat, kann ich ohne Übertreibung sagen, dass die Tage im November 1990 in Friedrichshain bürgerkriegsähnlich waren und dass es das Brutalste war, was ich innerhalb Deutschlands erlebt habe.

Es fing irgendwie sacht an. Viele der Selbstbestimmer und der Autonomen erkannten nach der Wende den Ostteil der Stadt als ihr neues Eldorado. Am 29. April 1990 dann wurden mehrere Häuser in der Mainzer Straße besetzt, es etablierten sich Schwulen- und Lesben-Treffpunkte. Als im November desselben Jahres andere besetzte Häuser von der Polizei auf Anordnung der Senatsinnenverwaltung geräumt worden waren, kamen Aktivisten in der Mainzer Straße zu einem Spontanaufzug zusammen. Die ersten Barrikaden wurden errichtet, die ersten Pflastersteine wurden geschleudert, das erste Tränengas wurde verschossen. Die Polizei wollte ein mutmaßliches Hauptquartier der Linken stürmen, zerschoss Scheiben mit Wasserwerfern und feuerte Tränengasgranaten in das Haus, doch sie musste sich im Steinhagel zurückziehen. Politiker und Polizisten waren sich insgeheim einig – das Ding wird nicht gut ausgehen.

Mit Beginn der ersten Ausschreitungen »verlegten« ein Kollege und ich in die Mainzer Straße. Wir blieben bis zum Schluss – und wären beinahe aufgerieben worden. Was wir zu sehen bekamen, war beängstigend. In der Mainzer Straße selbst und den umliegenden Straßen bereiteten sich Besetzer und Sympathisanten auf den Ernstfall vor. Aber in einer derart professionellen Art und mit logistischem Know-how, dass wir Gänsehaut bekamen. Pflastersteine wurden aus dem Straßenbett gerissen und an taktisch wichtigen Orten zu Haufen aufgeschüttet. Es wurden Molotowcocktails bereitgestellt. »Wir brauchen hier vorne noch ein paar Mollis Marke Bumm«, sagte eine dicke Punkerin grinsend und trieb Freunde von sich an, mehr Flaschen mit Benzin zu füllen. Autonome schleppten Gehwegplatten auf die Dächer, um sie aus großer Höhe auf die erwarteten Beamten schleudern zu können. Wir sahen, wie das sogenannte Super-Molly auf eines der Dächer getragen wurde – eine Fünf-Liter-Flasche, mit Korb umwickelt, wie sie sonst in griechischen oder italienischen Restaurants steht. Nur war diese gefüllt mit Benzin, und ihr Volumen ausgekippt und ob der Fallhöhe zerberstend und brennend, hätte zahlreiche Schwerverletzte zur Folge gehabt. Autos, nicht nur vermeintlich teure, sondern auch Wartburgs und Trabbis, wurden als Barrikaden an die Kopfseiten der Mainzer Straße geschoben. An der Mainzer Straße zur Frankfurter Allee hin wurde eine riesige Barrikade errichtet, mit allem, was aus den Häusern zusammengetragen werden konnte. Große Müllcontainer bildeten die Plattform, darauf wurde immer mehr Material gehäuft, Autos wurden herangeschoben, Steine zur Verteidigung bereitgelegt. Tatsächlich sollte beim Sturm der Polizei Tage später ein Räumpanzer sehr lange brauchen, bis das Ding endlich den Weg in die »Mainzer« freigab. Es waren nicht mehr nur Besetzer aus der Mainzer Straße aktiv, da waren auch Leute des Schwarzen Blocks. Einige sprachen mit nordischem Dialekt – erfahrene Straßenkämpfer aus der Hafenstraße. Mein Kollege und ich hatten uns in puncto Kleidung angepasst – alte Jeans, Lederjacken, Halstücher. Wir versuchten, wie all die anderen sich vorbereitenden Krieger auszusehen. Und wir versuchten, den Aufforderungen zu entgehen, sich an ebendiesen Vorbereitungen zu beteiligen. Weit und breit war kein Polizist zu sehen, aber jeder der kampfbereiten Autonomen war auf der Suche nach den »Verrätern« in ihrer Straße. Jeder wurde skeptisch beäugt, geprüft durch Fragen, woher er komme und wen er aus der Szene kenne. Zum Glück wurden wir nicht angesprochen.

In der Mainzer und den umliegenden Straßen wurde allerorten gearbeitet, und ich hatte das Gefühl, in einer Ritterburg zu sein, die sich auf den Angriff eines feindlichen Klans vorbereitet.

Ein Bauarbeiter, vielleicht um die 30 Jahre alt, kam aus seiner Wohnung auf den Gehweg. Der Mann muss Gerüstbauer oder Ähnliches gewesen sein, er war groß und stark. Und er hatte etwas dagegen, dass der kleine Mazda, den er sich wohl gerade gekauft hatte, als Barrikade dienen sollte, die spätestens in wenigen Tagen und dann aber ganz sicher von der Polizei beim Sturm zermalmt werden würde. Er stellte die vier jungen Autonomen zur Rede, die seinen Wagen über die Fahrbahn schoben. Mit absoluter Kaltblütigkeit hob einer der Aktivisten einen Pflasterstein auf und schleuderte ihn dem Mann ins Gesicht, aus einer Entfernung von vielleicht zwei Metern. Der Stein traf den Mundbereich des Bauarbeiters, der nicht die Aktion der Autonomen hatte infrage stellen wollen, nur das Schicksal seines Fahrzeugs, das er für den Weg zur Arbeit brauchte. Blut spritzte, Zähne flogen durch die Luft, der Mann ging in die Knie. Einer trat ihm noch in den Bauch, dann schoben die Autonomen den Mazda weiter Richtung Hauptbarrikade. Als sei nichts geschehen. Mein Kollege und ich trugen den Mann aus der Mainzer Straße heraus zu einem Rettungswagen der Feuerwehr. Dann gingen wir wieder hinein.

Ein paar Stunden lang beobachteten wir die Szenerie, bis wir beschlossen, in die Redaktion zu fahren, um kurz mit den Chefs zu reden, etwas zu essen und um zu Hause anzurufen. Es war dunkel, und mein Kollege und ich waren auf dem Weg zu seinem Wagen, den wir an der Frankfurter Allee abgestellt hatten. Plötzlich kamen Gestalten herangerannt, von allen Seiten. Es zischte, weiße Rauchspuren waren im Dunkeln zu erkennen, und wenig später rochen wir das Tränengas. Dann waren ganze Ketten von Polizeikräften zu erkennen. »Runter, verdammt«, brüllte einer, und wir warfen uns zu Boden, als mehrere Polizisten in einer Reihe auf uns zulaufend ihre speziellen Waffen mit den Tränengasgranaten abfeuerten. Es war windig, und das Gas wurde in alle Richtungen verteilt. Wir waren schon im Wagen, als mein Kollege sich aus dem heruntergekurbelten Seitenfenster nach hinten umschaute, ob wir nach dorthin entkommen konnten. Ich sah durch das Sonnendach eine

Gasgranate genau auf uns zufliegen und brüllte ihn an, das Fenster zu schließen. Kaum war die Scheibe oben, krachte die Kartusche dagegen. Er startete den Wagen und raste davon. Der Polizeivorstoß blieb an diesem Tag ohne Erfolg.

Mit ihren Methoden und Verteidigungstaktiken gingen die Autonomen an ihre Grenzen. An der rückwärtigen Seite der Mainzer Straße verläuft eine Straßenbahntrasse. Ein Zug wurde gestoppt, fahruntauglich gemacht und diente den Besetzern nun als Barrikade. Gleichzeitig hatten andere von ihnen einen Schaufelbagger erbeutet. Wenig später wurde damit begonnen, einige Meter hinter dem bewegungsunfähigen Zug die Straße aufzureißen, und das mehrere Meter breit und tief. Jedes Einsatzfahrzeug, das bei einem Sturm in die Straße eingebogen wäre, wäre augenblicklich abgestürzt. Und wir hatten keinen Zweifel, dass die Autonomen versucht hätten, es in Brand zu stecken. Ohne es zu wissen, waren die Besetzer dabei in Lebensgefahr, denn in der Mainzer Straße verliefen zu diesem Zeitpunkt dicke Gasleitungen, die glücklicherweise nicht von der schweren Schaufel beschädigt wurden.

Immer mehr Menschen kamen in die Mainzer Straße, um den Autonomen beim zu erwartenden Sturm zur Seite zu stehen. Wir hatten ein paar Punker kennengelernt, und wir waren froh, szenetypische Gesprächspartner zu haben, um als Zweierteam nicht aufzufallen. »Los, wir fahren Streife«, sagten zwei von ihnen wenig später. »Kommt mit.« Wir folgten den beiden zu einem alten Trabant, quetschten uns auf die unbequemen Rücksitze, dann ging die Fahrt knatternd durch den Kiez. »Wir gucken, wo sich die Bullen formieren«, sagte einer der beiden, ein hagerer Kerl mit kurzen Haaren und speckigen Klamotten. Die beiden teilten sich einen Joint, und ich glaube, dass sie uns abnahmen, dass wir ebenfalls wie sie (die beiden kamen aus Sachsen) hier waren, um zu helfen.

»Haste mal 'ne Kippe?«, fragte mein Kollege, und in Gedanken versunken antwortete ich: »Nee, hab meine letzten in der Redaktion vergessen.« Der Trabant kam quietschend zum Stehen, und die beiden Punker schauten uns an. »Wie, in der Redaktion? Seid ihr etwa von der Presse?« Physisch waren wir den beiden überlegen, aber wir saßen taktisch denkbar ungünstig auf dem Rücksitz eines Miniautos, das hinten keine Türen hatte, durch die wir hätten flüchten können. »Sach mal, Alter, du bist aber noch nicht lange in der Stadt, oder?«, bluffte ich. Der Fahrer schaute verständnislos. Ich quatschte auf ihn ein. »›Die Redaktion‹ ist der Name einer Kneipe am Columbiadamm, wo die Springer-Knechte abends saufen gehen, und das nicht selten mit den Bullen. Wenn du was erfahren willst, anstatt dämlich Streife zu fahren, dann musste da hin«, log ich weiter und hoffte inständig, dass die Kerle uns die Geschichte abkaufen würden. Sie taten es und erkundigten sich noch nach der Hausnummer. Glücklicherweise wollten sie nicht gleich hinfahren, denn eine Kneipe solchen Namens gab es nicht. Wir blieben an diesem Abend bis spät in der Nacht an den Lagerfeuern innerhalb der Mainzer Straße, die in alten Metallmülltonnen entzündet worden waren, bis wir irgendwann für wenige Stunden nach Hause gingen.

In den frühen Morgenstunden des folgenden Tages, das hatten wir aus Polizeikreisen erfahren, sollte die Räumung beginnen. Offenbar hatten Berlins Politiker nach all der schlechten Medienberichterstattung über sie die Nase voll und wollten dem Spuk ein Ende machen.

Mein Kollege und ich begaben uns gegen 4 Uhr durch einen der uns mittlerweile bekannten geheimen Zugänge in die Mainzer Straße. Immer noch wurden Vorbereitungen getroffen, Barrikaden wurden verstärkt, weitere Steine aufgehäuft, leere Glasflaschen mit Benzin gefüllt. Eines war klar und machte uns Angst: Die hier drinnen würden nicht so schnell aufgeben, das Ganze hatte etwas von einem Himmelfahrtskommando. Wir schauten uns nach den beiden Punkern um, die wir näher kennengelernt hatten, konnten sie aber leider nicht entdecken. Ohne sie fühlten wir uns nackt.

Es wurde langsam hell, wir standen neben einer großen Barrikade aus Holz und alten Armeedecken, und ich steckte mir eine Zigarette an. Plötzlich wurde aus der angespannten Stille ein lautes Spektakel. »Das sind Bullen, das sind Bullen«, brüllte eine halbvermummte Autonome und holte Gesinnungsgenossen heran. Im nächsten Moment wurden wir von einer großen Personengruppe bedrängt – und verstanden nicht, wieso. »Die sollen sich ausziehen, die Schweine«, brüllte die Punkerin. »Was wollt ihr, was haben wir denn gemacht?«, fragte mein Kollege. Ein drahtiger Mann um die 1,80 Meter stellte sich ganz dicht an uns heran. »Wenn ihr keine Bullen wärt, sondern welche von uns, dann wüsstet ihr, dass die Barrikaden hier bereits alle mit Öl getränkt sind. Dann hättet ihr euch hier keine Fluppe angemacht.«

Wir wurden weiter bedrängt. Immer wieder hieß es, »die sollen sich ausziehen, die haben Knarren und Funkgeräte«. Einige der etwa 20 Personen zerrten an unserer Kleidung, es wurde immer lauter und immer aggressiver. Sich zu wehren hatte keinen Sinn, weit und breit war keine Hilfe erkennbar. Plötzlich brüllte jemand noch lauter als der Mob vor uns, und die anderen wurden stiller. Ein kleiner Mann mit Militärkleidung, mit einer Sturmmaske vermummt und einem NVA-Helm auf dem Kopf, trat zu uns heran. »Was ist hier los?«, wollte er wissen, und es gab keinen Zweifel, dass er hier etwas zu sagen hatte. »Das sind Bullen, die haben sich Kippen an der Barrikade angesteckt, die wir schon vorbereitet haben.« Das Augenpaar im Sehschlitz der Skimaske schaute uns an. Ohne den Blick abzuwenden, fragte der Mann die anderen Autonomen: »Habt ihr sie durchsucht?«

»Ja, nichts dabei. Die können aber auch vom Verfassungsschutz sein.«

Der Mann mit dem Helm sah uns weiter an. »Wenn ihr nichts gefunden habt, dann lasst sie gehen.« Und dann an uns gerichtet: »Und ihr solltet jetzt schnell abhauen.« Tage später sah ich den maskierten Mann im *Stern* auf einem doppelseitigen Foto, wie er mit irgendeiner Waffe Richtung Polizei schoss.

Wir vermieden es zu rennen, denn das hätte suggeriert, dass wir Angst hatten. So bemühten wir uns um einen souveränen Gang – trotz unserer Angst. Kaum draußen, jenseits der Mainzer Straße und ihrer zur Verteidigung bereiten Bewohner, sahen wir bereits die »Kohorten« der Bereitschaftspolizei. Ich meine mich zu erinnern, dass es letztlich 3000 Mann waren. Mein Kollege und ich standen zwischen den Reihen der Beamten, und wir konnten sehen, dass SEK-Beamte mit speziellen Kletterausrüstungen die Dächer erklommen. Ein Polizeihubschrauber war im Einsatz, dicht oberhalb der Dächer, aber er musste abdrehen, weil er immer wieder von der Straße aus mit Leuchtspurmunition beschossen wurde – wäre der Helikopter getroffen worden und abgestürzt, hätte es zahlreiche Tote und Verletzte geben können. Auf beiden Seiten und unter völlig Unbeteiligten.

Räumpanzer der Bereitschaftspolizei fuhren immer wieder gegen die meterhohe und meterbreite Barrikade an. Tränengas wurde in die Mainzer Straße geschossen, Kartusche um Kartusche. Die Autonomen nahmen im Gegenzug die Polizisten mit Zwillen ins Visier, aus denen sie Schrauben und Muttern verschossen. Nach einer scheinbaren Ewigkeit stand der erste maskierte SEK-Mann auf einem der Dächer und machte das Victory-Zeichen. Die Beamten am Boden beantworteten es mit Schlägen ihrer Stöcke auf die Schilde, die sie in den Händen hielten wie römische Legionäre. Dann endlich waren die Räumpanzer durch das Irrwerk der massiven Barrikade gestoßen, und die Polizei stürmte. In all dem Wirrwarr hatte niemand mehr die Zeit und die Muße, die Presse fernzuhalten, zumal man uns in unserem Räuberzivil für verdeckte Ermittler halten konnte. Also rannten mein Kollege und ich mit. Auf den vom SEK noch nicht gesicherten Dächern standen Autonome und ließen die großen Gehwegplatten herunterrutschen. Eine zerbarst ein paar Meter neben uns und zersplitterte in tausend Teile. Dass niemand getroffen wurde, war schlicht Glück. Die Polizei war auch nicht fein an diesem Tag, Stockwerk um Stockwerk wurde erobert, wer in den Wohnungen saß, wurde verprügelt – egal, ob Autonomer oder eingeschleuster Beamter, von denen ich einen später kennenlernte, der im Krankenhaus behandelt werden musste an diesem Tag.

Nach einer knappen Stunde Schlacht wurden alle Besetzer und Autonomen festgenommen und ins Freie geführt. Und zahlreiche Bereitschaftspolizisten sangen den legendären Queen-Song »We are the champions«, ein Song, den ich liebe – ich habe drei Tage lang den Tod von Freddie Mercury betrauert –, doch hier passte er nicht hin. Menschen waren verletzt worden und der Ruf einer Stadt beschädigt, die gerade erst nach einer friedlichen Revolution zusammengewachsen war.

In welcher Lebensgefahr die eindringenden Beamten geschwebt hatten, das kam wenig später heraus. Die Autonomen hatten Dachluken mit 30 Zentimeter langen Nägeln präpariert, die auf die Polizisten fallen sollten. Es gab Starkstromfallen und eine Funkzentrale, bei der die fachkundigen Polizisten respektvoll durch die Zähne pfiffen. Uns war nichts passiert, und wir waren froh darüber.

Jahre später passte ich auf die kleine Tochter einer Freundin auf, deren Wohnung an der Mainzer Straße lag. Alles war mittlerweile restauriert, es war eine gute Gegend mit schönen Dachwohnungen. Die Kleine war inzwischen im Bett, und ich stand mit einem Glas Rotwein am Fenster, während die Eagles »Hotel California« sangen, als meine Freundin nach Hause kam. Sie sah mich auf die Straße blicken und fragte, was denn los sei. »Das zu erzählen dauert lange«, antwortete ich. »Hast du noch eine Flasche Wein?«

Tod eines Polizisten

»Mach du mal, Dicker.« Vier Worte. Für den Außenstehenden könnten sie alles Mögliche bedeuten. »Fischi« werden sie zeit seines Lebens verfolgen. Fischi ist einer meiner wenigen Freunde. Mit diesen vier Worten änderte er unmittelbar vor dem Zugriff noch einmal die Aufstellung seines Teams, das wenige Sekunden später eine Wohnung an der Kienitzer Straße in Neukölln stürmte, um einen 33 Jahre alten Libanesen zu stellen. Das Team rannte in einen Kugelhagel und musste daraufhin den Tod des SEK-Mannes Roland K. beklagen. Am 23. April des Jahres 2013 jährte sich der dunkelste Tag des Berliner Spezialeinsatzkommandos zum zehnten Mal. Wie auch die Jahre zuvor gingen Berlins Elite-Polizisten an diesem Tag zum Grab von Roland K. und legten Kränze nieder. Die alten Hasen wie auch der junge Nachwuchs. Für die Männer, die den Boxer und Familienvater gekannt hatten, wird er in Erinnerungen immer bei ihnen sein – im Dienst, im Einsatz, bei Partys. Auch wenn die Erinnerungen schmerzen, noch heute, mehr als zehn Jahre danach.

Ich war an diesem 23. April 2003 gerade auf dem Weg nach Hause, meine Frau saß neben mir, sie war schwanger mit unserem ersten Sohn, als mitten in Kreuzberg ein Kollege anrief: »Michi, es hat einen SEK-Beamten erwischt, er wurde schwer verletzt, kannst du dahin?«

Ich wendete den Wagen und fuhr Richtung Neukölln – wohl wissend, dass ich meine Frau von dort gleich nach Hause schicken würde, denn der Tatort liegt in keiner guten Gegend. Schon gar, wenn es gerade eine Schießerei gegeben hat und Araber beteiligt waren: Dann würden die Gangs und die Jugendlichen auf den Straßen sein. Ich kam als einer der ersten Reporter an. Und ich hörte sie brüllen, die Schaulustigen. »Ihr Scheißbullen, einer weniger, haha.« Ein maximal 16-Jähriger rief: »Geht eure Väter ficken, ihr Schwuchteln.« Die Stimmung war aggressiv. Ich sah meiner Frau nach, bis sie mit dem Wagen auf die Hauptstraße abbog. Wenig später kam ein Kriminalbeamter ins Freie, den ich kannte. »Der Kollege wird sterben.« Das saß. Unglaublich, ein SEK-Mann erschossen. Ich telefonierte und wusste bald, wer es war: ein 37 Jahre alter Mann, Vater einer kleinen Tochter. Wir berichteten groß über den Fall, meine Zeitung rief zu einer Spendenaktion für die Familie auf, denn der Getötete war nicht verheiratet, lebte aber mit der Mutter seiner Tocher zusammen. Jedes Jahr erinnere ich mich an diesen Tag, diese Tage im April. Zehn Jahre danach schrieb ich noch einmal darüber. Und ich traf mich mit den Männern, die Roland K. gekannt hatten und die teilweise zu Freunden wurden.

Fischi, der damalige Teamführer, sitzt bei Milchkaffee und Frühstück an diesem Morgen, zehn Jahre danach. Zwei Wochen sind es noch bis zum »Jahrestag«. Er bestellt nur dunkle Brötchen, wie er es immer tut. Der 49-Jährige sieht aus wie ein Profi-Boxer, hat ein breites Lachen und blitzende Augen. Wenn er aber über den Einsatz spricht, der sein Leben veränderte, verdunkelt sich seine Miene. Jeden

Tag hat er sich seitdem gefragt, ob seine Entscheidung den Tod seines Freundes verursacht hat. »Es war ein Routine-Zugriff. Ein Messerstecher wurde mit Haftbefehl gesucht, er galt als gefährlich. Die Familie des Gesuchten bewohnte zwei Apartments an der Kienitzer Straße, die übereinanderlagen und in die zwei Gruppen zeitgleich eindringen sollten«, berichtet der Hüne, der später wegen einer posttraumatischen Belastung aus dem Dienst schied. »Ich und eine Handvoll Kollegen waren für die untere Wohnung zuständig.« Alles war klar. Doch der Beamte an erster Stelle, der mit dem schweren Eisenschild die Tür einschlagen und damit schützend in die Wohnung laufen sollte, hatte seinen Helm nicht auf. Also schickte Fischi Roland K. an diese Position. Alle schauten sich an, dann gab der Teamführer das Zeichen. »Die Tür flog sofort auf, wir stürmten, dann hörte ich die Schüsse. Frauen und Kinder brüllten, Roland ging zu Boden, ich lief an ihm vorbei und hatte die beiden Schützen vor mir in einem Wohnzimmer, die Waffe hatten sie weggeworfen.« Fischi haute die Männer um und bedrohte sie mit seiner Waffe, während seine Kollegen die Räume sicherten oder nach oben in die andere Wohnung liefen, weil dort die beiden Rettungssanitäter des Teams waren.

Einer dieser Rettungssanitäter war »Höppi«, ebenfalls einer der wenigen Menschen, die ich Freunde nenne. Auch mit ihm sprach ich zehn Jahre danach über diesen schwarzen Tag. Nicht wie sonst, beim Bier, um ihm dabei zu helfen, die Geschehnisse zu verarbeiten, sondern offiziell, für die Zeitung. Höppi ist kein Hüne, aber hart und kräftig. Er war ebenfalls Elite-Polizist, zusätzlich als Rettungssanitäter in einem Speziallehrgang wochenlang bei den Notärzten der Feuerwehr geschult, denn SEK-Einsätze sind immer brandgefährlich. Die Wohnung, in die seine Gruppe damals eingedrungen war, war leer. »Ich weiß nicht mehr, ob ich die Schüsse gehört habe, wohl aber das Geschrei. Dann kamen die Kollegen hoch und sagten, dass es Roland nicht gut ginge.« Höppi stürzte mit seinem Kollegen eine Etage tiefer. Er »funktionierte«, wie er es heute nennt. Irgendwie blendete er aus, dass da sein Freund lag, ein echter Freund, mit dem er Sport machte oder gemeinsam mit dem Fahrrad zum Dienst fuhr. »Roland lag am Boden, auf dem Rücken. Er war reglos, und wir sahen die Blutlache um seinen Kopf herum. Es war ein Kopftreffer.« Die beiden SEK-Sanitäter nahmen ihrem Kollegen den Helm ab, zogen die Maske behutsam nach oben und sahen das kleine Loch im Bereich des Jochbeins. »Die Kugel hatte genau die zwei Zentimeter Platz im Augenbereich zwischen der Helm- und der Schildkante getroffen«, sagte Höppi. Er versucht, sich zu konzentrieren, versinkt in Gedanken. Streichelt seinen Hund und fängt sich wieder. »Hätte er den Kopf in einem anderen Winkel gehabt, wäre die Kugel nicht hinten durch die Wirbelsäule gegangen und hätte nicht alles Leben zunichtegemacht.« Roland K. atmete bereits nicht mehr, als seine Kollegen sich um ihn zu kümmern begannen. Den Notarzt der Feuerwehr mussten sie wegschicken, weil er unter Schock stand, und einen neuen anfordern. Sie machten Herzdruckmassage, beatmeten den Leblosen, intubierten ihn schließlich und holten ihn zurück. »Er atmete wieder selbstständig, sein Zustand stabilisierte sich, als der zweite Notarzt kam, der der Sache gewachsen war.« Aber Höppi war klar, dass sein Freund niemals wieder an seiner Seite sein würde. »Wir hatten die Verletzung gesehen. Sollte er jemals wieder aufwachen, wäre er eine Chipstüte – leer, schwerbehindert, immer auf Hilfe angewiesen. Das hätte er nie gewollt.« Die Gedanken schweifen wieder ab, Höppi schaut auf seine gelbe Taucheruhr mit der SEK-Schwinge und dem Berliner Bären, die er auch damals bei diesem Einsatz getragen hat. »Ich habe mich nach Rolands Abtransport um einen anderen verletzten Kollegen gekümmert. Nach einer ersten Versorgung begleitete ich ihn ins Krankenhaus und sicherte ihn erst mal ab. Wir wussten nicht, ob es vielleicht Racheakte geben könnte.« Dann rief Höppi seine Frau an, denn in den Nachrichten lief die Meldung, dass ein 37 Jahre alter SEK-Mann tödlich getroffen worden war und dass der Mann eine kleine Tochter hat. »Ich war damals auch 37, und unsere Tochter war noch klein. Ich wollte nicht, dass meine Frau die Nachrichten hört und denkt, dass ich es war.« Tatsächlich gingen wenig später zahlreiche Gespräche von Freunden bei der Familie ein.

Irgendwann später sei er dann zur Unterkunft des SEK gefahren. »Es war ruhig wie auf einem Friedhof. Mir kam ein weinender Kollege des MEK entgegen. Unser Team wurde außer Dienst gesetzt, und wir haben einen Whisky genommen. Dann brachte ein Teampartner mich und mein Fahrrad nach Hause. Ich habe mich betrunken und bin dann ins Bett. Doch ich konnte kaum schlafen und rief immer wieder auf der Wache an, um nach Roland zu fragen. Aber es gab nichts Neues.« Vier Tage später waren Höppi, Fischi und die Kollegen wieder im Dienst, als die Durchsage durch die Hausanlage kam: »Roland ist gestorben«. Es schmerzte, aber es sei auch eine Erleichterung gewesen, denn niemand habe sich den Hünen, der wegen seiner kräftigen Figur »Boulette« genannt wurde, in Windeln und unter künstlicher Beatmung vorstellen mögen. Höppi bekam Tagträume, hatte psychische Probleme. Er wollte nicht, dass die anderen es bemerkten, und ließ sich drei

Jahre vor der SEK-Altersgrenze als Ausbilder zum Personenschutz versetzen. Dann zog bei einer Routinebesprechung ein Psychologe die »Reißleine«, und der SEK-Mann wurde pensioniert. Die Geister der Vergangenheit hat er mittlerweile im Griff. Doch sie kommen jedes Jahr wieder, immer, wenn sich der 23. April nähert.

Axel war lange Jahre SEK-Beamter, eine Zeit lang Teamführer, dann SEK-Leiter. Er ist der Mann, der den kleinen Jungen im U-Bahnhof rettete, der von einem Mann stundenlang mit einem Messer bedroht worden war. Auch Axel habe ich zu Roland K.s Tod befragt. Sie waren Freunde, kannten sich bereits aus dessen Zeiten beim Mobilen Einsatzkommando, das auf Observationen spezialisiert ist. »Er war kein SEK-Mann wie aus den dummen Filmen. Er hatte einen starken Charakter, war in sich gefasst, hatte sich gefunden, war fast schon gemütlich.« Ein Arbeitstier, das verbissen an seinen Laufdefiziten arbeitete, gern mal eine rauchte und seine neun Monate alte Tochter über alles liebte, »die ihm so verdammt ähnlich sieht«. Axel hatte das SEK vier Wochen davor verlassen und war zu einer geschlossenen Einheit der Bereitschaftspolizei gewechselt, als er die Nachricht vom tödlichen Einsatz an der Kienitzer Straße erhielt. Er war an dem Tag, seinem Geburtstag, mit Freunden zu einer Motorradtour aufgebrochen. Jedes Jahr, wenn er Geburtstag feiert, gedenkt er seither auch seines Kollegen. Aber auch sonst denkt er oft an ihn. Weil Roland, so Axel, einfach etwas Besonderes war, einer, der beim Sturm auf eine Zuhälterwohnung nicht die auf ihn gehetzten Hunde erschoss, sondern sie irgendwie zähmte, der nach dem Einsatz und der Festnahme vom Herrchen mit den Vierbeinern Gassi ging und anschließend das Tierheim anrief. Meist war Roland derjenige, der sich um die Kinder kümmerte in den Wohnungen, in die er und seine Kollegen eindringen mussten, der in die Knie ging und ihnen die Angst vor dem ganzen Chaos nahm. »Weil er eben ein tiefgründiger Familienmensch war«, sagt Axel und lächelt.

Martin T., seit Jahren in Pension, stand ewig an der Spitze aller Spezialeinheiten der Berliner Polizei. Er ist sozusagen Gründungsmitglied des Berliner SEK und war aktiver Einsatzbeamter. Auch er hat an diesen 23. April vor zehn Jahren seine ganz persönlichen Erinnerungen. Es war sein 35. Hochzeitstag, und er wollte mit seiner Frau nach Sylt. Bis ein paar Gramm Blei, abgefeuert aus einer Pistole, das Leben vieler Menschen veränderten. »Ich bin sofort ins Auto. Wollte meine Leute abschirmen, denn nun würden die Fragen kommen. Haben wir alles richtig gemacht? Was war da los?« Im Krankenhaus traf er den Polizeipfarrer. Die Prognosen waren hart und niederschmetternd – keine Überlebenschancen. Mit dem Geistlichen und Teamführer Fischi fuhr er zu der Lebensgefährtin von Roland K. Sie war spazieren gewesen, kam gerade wieder. »Als sie uns sah, wusste sie sofort, was los war. Sie weinte.« Im Krankenhaus kam sie später aus dem Zimmer und sagte zu den Kollegen ihres Mannes, dass Roland gar nicht tot aussehe. »Es wirkt, als wenn er schläft.« Nur das Pflaster über dem kleinen Loch unterhalb des Auges war Beweis für das Gegenteil.

Am 27. April starb Roland K., und ganz Berlin nahm Anteil am Schicksal des Elite-Polizisten, des Mannes, der kurz zuvor am Sturm auf einen gekaperten BVG-Bus beteiligt gewesen war und eine der Geiseln gerettet hatte. Des Mannes, der Pläne hatte für die Zeit nach dem SEK, bei der Mordkommission, wo ihn alle mochten und gern in ihrem Team gehabt hätten. Bis das Blei ihn traf, abgefeuert von einem 33-jährigen Libanesen, der später vor Gericht sagte, dass er davon ausgegangen sei, dass Angehörige eines verfeindeten Klans in die Wohnung stürmen würden, mit denen es zuvor die Messerstecherei gegeben hatte, in deren Folge der Haftbefehl ausgestellt worden war. Der Mann bekam lebenslange Haft wegen Mordes.

Kurz vor dem Einsatz, das weiß Fischi noch ganz genau, saß Roland auf der Couch in der Wache des SEK in Lichterfelde. »Hey, Fischi, lass uns mal über meinen Urlaub reden. Ich möchte nach Südfrankreich.« Und Fischi antwortete, dass jetzt ein Einsatz anstünde und sie nachher darüber sprechen würden. Wenig später sagte er dann die vier schicksalsschweren Worte: »Mach du mal, Dicker!« Und nichts war mehr so wie zuvor.

Traurige Gedanken

Wir alle haben viel Schlimmes gesehen, die Polizisten, die Rettungssanitäter und die Notärzte der Feuerwehr, die Rettungsschwimmer und, die Polizeireporter. Gefühle schleifen sich ab, man wird abgebrüht und zynisch mit der Zeit. »Da hat sich einer den Kopf angefahren«, heißt es schon einmal, wenn sich jemand vor einen Zug geworfen hat. In gewisser Weise dient dies sicher auch dem Selbstschutz. Würde man jedes Opfer an sich heranlassen, würde man schnell emotional vor die Hunde gehen. Nicht wenige tun es. Und auch ich stelle an mir fest, dass man nicht sein Leben lang über Leid und Tod berichten kann, ohne Schaden zu nehmen. 27 Jahre Dreck im Kopf, so nenne ich das immer, wenn ich Freunden versuche, den Job zu erklären.

SEK-Beamte sind für die gefährlichsten Einsätze vorgesehen. Sie kommen dann, wenn alle anderen polizeilichen Maßnahmen versagt haben, wenn Geiselnehmer festgenommen werden müssen oder schwer bewaffnete Bankräuber. Wie schon an anderer Stelle erwähnt, braucht man für ein solches Kommando sehr spezielle Menschen. Wer dazu ausgebildet ist, kopfüber an einem Seil 50 Meter über dem Boden hängend einen Geiselnehmer kampfunfähig zu schießen, der in einer Wohnung hockt, ist eben speziell.

Der hat seinen Zynismus, seinen eigenen Humor. Die Rettungseinheiten der Feuerwehr kriegen gar jeden Tag Schlimmstes zu sehen, Tote und Schwerverletzte, von Lkws zermalmte Radfahrer, Erhängte, abgerissene Beine von Motorradfahrern.

Ich selbst kann mich unter anderem an einen Zwischenfall am Hamburger Hafen erinnern. Es hieß, ein Trucker sei auf dem Container-Gelände von einer »Katze« überfahren worden, so nennt man die großen Transporter mit den riesigen Rädern, die das Gut vom Lkw auf die Schiffe verladen und umgekehrt. Es war schon dunkel, als wir an diesem Herbstabend am Unfallort ankamen, das Areal war nicht groß abgesperrt, weil sich kaum Menschen dort aufhielten. Auf dem Asphalt lag ein Bein, mit Jeans, Turnschuh und Tennissocke. Es war offenbar am Ende des Oberschenkels abgerissen worden. Ein Polizist stand neben seinem Einsatzwagen und rauchte eine Zigarette. »Wo ist der Rest?«, fragte ich ihn. »Stehst drin, du Hirni.«

Ich schaltete meine Taschenlampe ein und leuchtete auf den Boden. Tatsächlich stand ich in einer etwa einen Meter breiten und zehn Meter langen Spur aus Blut und anderen Körperteilen. »Der ist geplatzt, als ihn die Katze erwischte. Das Bein flog zur Seite, den Rest hat das Gerät kleingeteilt. Na dann, guten Hunger.« Damit war das Thema für ihn erledigt.

Es dürfte für den Polizisten nicht der erste schreckliche Anblick gewesen sein – und sicher nicht der letzte. Würde er all das mit nach Hause nehmen, müsste er zwangsläufig depressiv oder alkoholkrank werden. Wie der andere Beamte, der etwa zwei Wochen später unterhalb der Köhlbrandbrücke mit einem Kollegen stand. Ein Mann hatte sich von der Brücke gestürzt und sollte nach Angaben von

Zeugen in die Elbe gefallen sein. Mein Kollege und ich waren an den Ort des Unglücks gefahren. Wir dachten, dass es eine Rettungsaktion auf dem Wasser geben würde, mit Booten und Polizeitauchern. Doch es war nichts zu sehen. »Guten Abend. Sind die Kollegen von der Wasserschutzpolizei nicht im Einsatz?«, wollte ich von den beiden Beamten wissen.

»Nee, die haben wir wieder abbestellt. Muss wohl am Wind gelegen haben.«

Wir verstanden nicht und fragten nach. Der Polizist winkte uns heran und bedeutete uns, ihm zu folgen. Wir gingen um zwei geparkte Lkws herum, dahinter stand ein Anhänger. Die Achse, die sonst waagerecht die Verbindung zur Zugmaschine herstellt, war aus Platzgründen in eine aufrechte Position gebracht worden. Darauf aufgespießt hing der lebensmüde Mann, der sich aus Liebeskummer in den Tod gestürzt hatte. »Wie gesagt, war der Wind. Normalerweise wäre er von der Stelle aus, von wo er gesprungen ist, auf dem Wasser aufgeschlagen«, sagte der Beamte. »Das Ergebnis ist das gleiche.«

Wie gesagt: Nimmt man solche Sachen mit nach Hause, geht man kaputt. Also lässt man sie irgendwo auf dem Weg zurück oder in einer Kneipe mit Freunden – bloß nicht in einer der Schubladen im Kopf, von dort könnten sie wieder herausgeholt werden. Das wissen alle. Die Polizisten, die Rettungssanitäter und die Notärzte, die Rettungsschwimmer und auch wir Polizeireporter.

Die Situation ändert sich jedoch sofort, wenn es um Kinder geht. Dann gibt es bei kaum noch Zynismus oder platte Sprüche. Exemplarisch dafür ein Fall aus dem Jahr 2008. Es war der 26. November – der Geburtstag meiner Frau, darum erinnere ich mich so genau an das Datum –, als eine selbst gebastelte Bombe einem zwölfjährigen Mädchen den Arm zerfetzte. Wie jeden Tag holte Charlyn die Post aus dem Briefkasten des Mehrfamilienhauses, wo sie mit ihrer Familie lebte. Ein großer Umschlag lugte aus dem Schlitz hervor, das Mädchen zog daran, danach erschütterte eine Explosion das Wohnhaus, und das Mädchen wurde wie eine Puppe durch das Treppenhaus geschleudert. Es war 16.20 Uhr, als das Blut des Kindes den Steinboden dunkelrot färbte. Nachbarn riefen Polizei und Feuerwehr, das Mädchen schwebte in Lebensgefahr. Auch bei uns klingelte das Telefon, und vorbei war der Geburtstag mit Freunden. Steffen fuhr bereits zu der Einsatzstelle, die Online-Kollegen bereiteten erste Texte mit unseren Infos vor. Es wurde ein langer Abend in der Redaktion mit unzähligen Gesprächen und einem unguten Gefühl. Eine Bombe hatte ein Kind schwer verletzt. Keine Rocker hatten andere angegriffen, keine verfeindeten Banden waren aufeinander losgegangen. Wir nahmen den Fall sehr ernst. Denn wir erfahren als Reporter oft mehr als der Bürger, wir kennen Details, die man niemandem zumuten kann. Und die Details, die den Gesundheitszustand des Mädchens betrafen, waren erschreckend und im wahrsten Sinne des Wortes haarsträubend. Die Aussichten, den Arm retten zu können, waren gleich null. Zu diesem Ergebnis waren die besten Chirurgen der Stadt gekommen. Charlyn lag im Koma, zahlreiche Operationen musste sie über sich ergehen lassen. Zeitgleich lief die Maschinerie der Sicherheitsbehörden an. Es stellte sich heraus, dass der Onkel des Mädchens als Täter infrage kam. Er hatte seinen Bruder, Charlyns Vater, mehrfach des Diebstahls beschuldigt und fühlte sich von ihm betrogen. Zudem war der Mann verschwunden, untergetaucht, und in seiner Wohnung wurde eine Werkstatt mit Utensilien gefunden, die sich für den Bau von Sprengsätzen eigneten. Die Polizei schrieb den Mann öffentlich zur Fahndung aus – und eine Stadt jagte einen Bombenleger.

Wegen der Gefährlichkeit des Gesuchten waren es vor allem die Spezialeinheiten der Berliner Polizei, die den Täter stellen sollten. In der Redaktion richteten wir uns auf eine längere Bereitschaft ein und trafen auch zunächst keine privaten Verabredungen mehr. Es war in erster Linie der Fall von Steffen und mir. Andere Kollegen berichteten ebenfalls, aber wir hatten uns den operativen Teil gesichert. Wir wollten dabei sein, wenn der Mann gestellt wurde. Charlyn lag immer noch im Koma, und ihr Zustand war nach wie vor kritisch.

Ganz Berlin war entsetzt über die Tat, und jeder wollte der Polizei helfen. Es gingen zahlreiche Hinweise ein, der Onkel des Opfers wurde quasi an jeder Straßenecke gesehen. Ich aktivierte alle meine Quellen im Sicherheitsapparat der Hauptstadt. Ich hatte mir vorgenommen, jeden geplanten Zugriff im Vorfeld zu erfahren, was mir auch fast immer gelang. In dieser Zeit sah ich nicht einen Film zu Ende, weil es jeden Abend um den Fall ging und die Telefone glühten. Das SEK war ständig im Einsatz und Steffen stets vor den Beamten am Ort. Fast jeden Tag gab es neue spektakuläre Bilder der vermummten Elite-Polizisten, wie sie Anschriften stürmten, in denen der Gesuchte angeblich gesehen worden war. Ein Bordell wurde durchsucht, ein dem Mann ähnlich sehender Verdächtiger gestellt, der Fahrzeuganhänger des Onkels entdeckt – doch von dem Mann selbst fehlte jede Spur.

Charlyns Lebenswille war stark, und nach einigen Tagen wachte sie auf. Durch eine Spendenaktion der *Berliner Morgenpost* hatten wir einen guten Draht zu den betreuenden Ärzten und der Familie, und so bekamen wir die erlösende Nachricht mit als die Ersten. Steffen war im Krankenhaus, ein Arzt berichtete von Charlyns Zustand – und was sie als Erstes gesagt hatte. Es schnürte mir die Kehle zu, als er mich anrief, um mir Bescheid zu geben, ich hatte einen Kloß im Hals, und meine Augen wurden feucht. Aufschreiben konnte ich das später, diese Nachricht wollte ich jetzt erst einem bestimmten Menschen überbringen. Ich wählte die Nummer eines Freundes bei den Spezialeinheiten der Polizei, die in den letzten Tagen Stunde um Stunde Einsätze gefahren und Anschriften gestürmt hatten. Der Polizist hat eine sehr markante Stimme, und er meldete sich wie immer mit einem schlichten »Hallo«.

»Sie ist aufgewacht!«

»Gott sei Dank.«

»Weißt du, was sie zuerst gesagt hat?« Ich musste kämpfen, dass meine Stimme nicht stockte.

»Eh Michi, sag's mir nicht.«

»Sie hat gelächelt und dann gesagt, dass sie dieses Jahr nichts zu Weihnachten haben möchte. Sie wünscht sich nur, dass alle Menschen so glücklich sein mögen wie sie.« Mehr bekam ich nicht raus.

Die Stimme meines Freundes wurde leiser, sanfter. »Danke, Mann, das sag ich gleich den Jungs.« Und dann wieder hart: »Den holen wir uns. Jetzt erst recht.«

Es war letztlich nicht das SEK, das den gesuchten und später zu lebenslanger Haft verurteilten Onkel des Kindes festnahm. Zwei »normale« Beamte der Bundespolizei stellten ihn am 6. Dezember im Bereich der Schließfächer des Ostbahnhofes. Er trug falsche Haare, und an seiner Kleidung klebte Laub, das kam den Beamten verdächtig vor. Von ihnen angesprochen, wies sich der Verdächtige mit falschen Papieren aus, dann zeigte er seine echten, und der Polizist erkannte den Namen des bundesweit Gesuchten. »Jetzt habt ihr mich«, sagte er noch, bevor er sich widerstandslos festnehmen ließ und anschließend von zehn SEK-Beamten zur ersten Vernehmung bei der Mordkommission gefahren wurde. Ermittlungen ergaben, dass sich der Mann nahe des S-Bahnhofs Rahnsdorf in einem Waldstück in einer 1,80 Meter tiefen Kuhle eine Holzhütte gebaut hatte, die er mit Tarnnetzen verborgen hielt. Die Jagd war zu Ende, und wie durch ein Wunder konnte der Arm des Kindes gerettet werden. Ob die seelischen Wunden verheilen werden, das wird die Zeit zeigen.

Ich merke, dass seit der Geburt meiner Kinder solche Ereignisse nicht mehr spurlos an mir vorbeigehen. Sie schmerzen, und ich lasse sie nicht mehr so einfach wie früher auf dem Heimweg oder mit Freunden in einer Kneipe. Noch heute quälen mich traurige Gedanken, wenn sich der Todestag eines kleinen Jungen nähert, der von einem Jugendlichen im Berliner Stadtteil Zehlendorf getötet wurde. Der Täter war wegen Gewaltausbrüchen bekannt, er hatte vor der Tötung des Jungen bereits einen Bundeswehrsoldaten an einer Haltestelle beinahe erschlagen. Offenbar aus reiner Mordlust hat er später den kleinen Jungen umgebracht.

Mein erster Sohn war zu der Zeit gerade geboren, deswegen nahm mich der Fall des Kindes aus Zehlendorf besonders mit. Ich litt wie ein Hund. Ich erfuhr die Details der Tat, sah vor meinem inneren Auge, wie der kleine Kerl unbedarft mit dem brutalen Jugendlichen in eine abgelegene Gegend ging. Ich vermeine seine Angst zu spüren, als der Ausbruch kam, die Schläge. In Gedanken höre ich seine Schreie. Ich sehe die angsterfüllten Augen des Kindes und die eiskalten des Täters vor mir. Ich hoffe, dass der Junge nicht mehr bei Bewusstsein war, als die anderen Dinge mit ihm geschahen, die niemand wissen will und die ich vergeblich zu vergessen versuche. Und ich wünsche mir immer wieder, dass ich da gewesen wäre, um die Tat zu verhindern.

Noch Monate später brach ich immer mal wieder plötzlich in Tränen aus. Und meine Frau fragte: »Ist es wieder wegen des Jungen?« Dann nickte ich und ging in den Garten. Langsam wird es besser. Aber nur langsam.

Ewig kann man diesen Beruf nicht machen. Irgendwann ist die Festplatte voll. »Annahmeschluss« nennt das eine beherzte Ermittlerin des Landeskriminalamtes, die es jeden Tag mit vernachlässigten und misshandelten Kindern zu tun hat, mit Kindern, die sie aus verdreckten Wohnungen rettet oder an deren Obduktion sie teilnehmen muss.

Wenn wir über solche Fälle berichten müssen und ich spätabends auf dem Heimweg auf der Schnellstraße unterwegs bin, dann fahre ich manchmal ein paar Ausfahrten weiter, als ich es müsste – um mich weiter von dem Dreck zu entfernen. Dann scheint es mir, als hätte Lana Del Rey ihren Song »Ride« extra für mich geschrieben. »I hear the birds on the summer breeze, I drive fast. I am alone at midnight. Been trying hard not to get into trouble, but I, I've got a war in my mind. So I just ride. Just ride.«

Kinderlieb

Eines der wohl unentschuldbarsten und widerlichsten Verbrechen ist der sexuelle Missbrauch von Kindern. Es gibt Menschen aus dieser Szene, die behaupten, dass es schon zu Zeiten der alten Römer kindliche Lustsklaven gegeben habe. Damals wurden aber auch Menschen mit Nägeln ans Kreuz geschlagen. Das zählt nicht, darf nicht zählen. Und es gibt Menschen aus dieser Szene – die »intellektuellen« Pädophilen –, die sich nicht zu schade sind, in den einschlägigen Portalen des nicht zu kontrollierenden Internets dafür zu werben, dass man den Jugendlichen und auch den Kindern dabei helfen könne und gar müsse, die eigene Sexualität zu finden, dass man ihnen Anweisungen dafür geben müsse, ganz behutsam, um sie auf den rechten Weg zu bringen.

Ein Kollege und ich haben bereits in den frühen 90er-Jahren in Hamburg aufgedeckt, dass eine sogenannte Selbsthilfegruppe – sie nannte sich »Pädo-Gruppe« und verteilte kleine Flyer in Homosexuellen-Shops – sich eben nicht wie auf den Flyern beschrieben zur Selbsttherapie traf. Vielmehr wurden dort Tipps ausgetauscht, wie man kleine Jungs auf die wartende und »wachsende Aufgabe« vorbereiten könne. Kleine Kinder aus sozial schwachen Familien seien besonders geeignet, war die in diesen Kreisen vertretene Meinung, und man solle ihnen doch Dinge erlauben und ermöglichen, die sie sonst nicht erfahren würden, so zum Beispiel, selbst Auto fahren zu dürfen – natürlich auf dem Schoß des Perversen, der dabei eine Erektion bekam und das Kind langsam auf den Missbrauch einstimmte. Wir beobachteten eine solche Sitzung – und gingen zur Polizei. Die Folge in Hamburg war eine Durchsuchung bei den Verantwortlichen. Kartonweise wurden Beweismittel beschlagnahmt, es wurden Verfahren eingeleitet. So stellt man sich das vor. Leider funktioniert das nicht allerorten so. Mein Kollege Dirk und ich sind traurige Zeugen dieser Missentwicklung, einer Entwicklung, die wütend macht, die ohnmächtig macht vor Wut und einen den Glauben verlieren lässt an die Sicherheitsbehörden dieses und auch anderer Länder.

Mein Freund und ich kämpfen seit dem Jahr 1997 gegen die Machenschaften der international agierenden Kinderpornomafia – die es laut der Behörden gar nicht gibt, nicht in Deutschland, nicht in den Niederlanden. Und schon gar nicht in Belgien, wo ein Gericht zu dem Ergebnis kam, dass Marc Dutroux ein Einzeltäter war, der zu seiner eigenen perversen Befriedigung kleine Mädchen entführte und missbrauchte. Mitarbeiter verschiedener Nachrichtendienste haben uns jedoch bestätigt, dass es ein Netzwerk gibt und dass Dutroux kein Einzeltäter gewesen sein kann. Mehr als 30 Tote in dem Verfahren, Mitarbeiter von Sicherheitsbehörden, Juristen und Journalisten sind traurige, aber nicht mehr vernehmbare Zeugen dieser These.

Auch eine Freundin von uns hat auf der Suche nach der Wahrheit ihr Leben verloren. Sie hatte eigenen Aussagen nach ein sogenanntes »Snuff-Video« in ihrem Besitz, also ein Video, auf dem ein Kind zur perversen Steigerung der Lust von Pädophilen sexuell zu Tode gequält wurde. Zwei Wochen bevor unsere Freundin mit ihrem Auto gegen einen Brückenpfeiler krachte, waren wir bei ihr zu Hause. Sie wollte einen Deal mit den Behörden aushandeln: das Band übergeben und dafür Schutz bekommen, weil sie glaubte, dass man sie töten wolle. Wir haben sie nicht mehr lebend gesehen. Wer den Zusammenhang dieser Geschehnisse infrage stellt, braucht nur einmal bei YouTube nach den Reportagen zu Dutroux und den rätselhaft ums Leben gekommenen Zeugen zu schauen. Gänsehaut garantiert, ebenso der Zweifel an den Sicherheitsorganen.

Natürlich haben wir keine Einsicht in die Ermittlungsakte zu dem Fall unserer Freundin bekommen. Laut offiziellen Aussagen soll sie infolge hoher Geschwindigkeit verunglückt sein. Wer sie aber kannte, der wusste, dass sie eher für ihr Schleichen im Verkehr angehupt denn wegen Rasens von der Polizei verfolgt wurde. Es mutet schon sehr seltsam an, wenn eine Frau, die ein Snuff-Video haben soll, plötzlich stirbt. Wäre es nur ihr passiert, hätte man den angeblichen Unfall wahrscheinlich nicht so stark hinterfragt. Aber sie war eben eine von zahlreichen Menschen, die an der Aufklärung des Dutroux-Falls gearbeitet haben und gestorben sind – bei einem vermeintlichen Unfall, durch angeblichen Selbstmord, Herzinfarkte. Wer sich die Fälle der toten Zeugen und Ermittler einmal genau anschaut, kommt eigentlich nicht umhin, an eine Verschwörung zu glauben. Offizielle Stellen tun das jedoch nicht. Diese werten Dutroux, wie gesagt, als Einzeltäter. Wer anders denkt und diesen Verlautbarungen nicht glaubt, wird als Verschwörungstheoretiker abgestempelt. Ein Totschlagargument.

Ich kann, sosehr ich es am liebsten herausschreien würde,

an vielen Stellen nicht ins Detail gehen, denn die Gegenseite hat gute Anwälte. Und leider können Polizisten und Journalisten nicht immer beweisen, was sie wissen. Das ist hart. Aber selbst wenn ich hier und da einen Bezirk oder eine Identität verschleiern muss, so wird dennoch jeder intelligente Mensch verstehen, was hier passiert.

Es gab 1997 Hinweise darauf, dass Kinder aus Berlin in die Fänge von Bordellbesitzern in den Niederlanden gelangt sein könnten, ein absolut unfassbares Verbrechen. Dirk und ich hängten uns in die Sache rein. Zunächst schien man von Behördenseite aus an einer Aufklärung interessiert zu sein. Doch das kippte, wie es aussah. Aus den Akten der Berliner Polizei ergibt sich, dass es zumindest ernste Hinweise auf die Verschleppung von Kindern aus Deutschland in die Niederlande gab. Wir haben mit einigen in den Akten genannten Zeugen gesprochen, die uns bestätigt haben, wie es lief. Sie berichteten, dass man Kinder, die sich abends unbeaufsichtigt in den Homosexuellen-Kneipen Berlins herumtrieben und dort mitbekamen, wie man Geld verdient, nach Holland gelockt hat, in Bordelle. Rechtzeitig vor Razzien klingelten dort die Telefone. Von Amts wegen wurde auf diese Zeugenaussagen hin ermittelt, heraus kam nichts. Die Schicksale der verschwundenen Kinder sind bis heute ungeklärt.

Wir hatten damals aus Belgien den Hinweis erhalten, dass ein Künstler aus einem bestimmten Berliner Bezirk einer der Drahtzieher des Kinderhandels sein sollte. Es gab eine Straßenangabe, aber keine Hausnummer sowie einen Nachnamen mit einem nicht bestätigten Vornamen. Als wir diese Informationen der Polizei mitteilten, hieß es, einen Berliner dieses Namens würde es in der Stadt nicht geben. Dirk machte sich mit einem Fotografen auf den Weg.

Fragte sich durch den Kiez. Und traf schließlich ein Mädchen, das einen Mann dieses Namens eben doch kannte, in ebender bekannten Straße. Nur der Vorname war anders. Bei der Polizei immer noch Fehlanzeige. Dabei hieß es aus Belgien, dass ebendieser Berliner mit einem Mann aus England zusammenhängen solle, der in den Medien der Insel als der gefährlichste Mann des Königreichs bezeichnet wurde und der sich selbst als jemanden beschreibt, der nur dann kommen kann, wenn die Kinder vor Schmerzen schreien und er die Angst in ihren Augen sieht.

Wir fanden andere Wege, die Identität des Berliners zu überprüfen, und waren fassungslos, als wir erfuhren, dass er bei der Polizei wegen des schweren sexuellen Missbrauchs eines Kindes bekannt war. Durch Zufall fanden wir in unseren Archiven einen Bericht samt Foto des Mannes über seine Aktivitäten in der sozialen Kinderarbeit seines Bezirks. Wir veröffentlichen die mutmaßlichen Verstrickungen des Kinderschänders und sein Foto.

Am nächsten Morgen, so waren wir uns sicher, müssten die Beamten der ermittelnden Dienststelle nach dem Lesen unseres Berichts aktiv werden – der Logik nach, schon um nicht angreifbar zu sein. Schließlich hatten sie die Parole ausgegeben, dass es diesen Mann in Berlin nicht gab. Nun hatten wir den Mann gefunden, hatten gar ein Foto von ihm. Doch niemand rief uns an und wollte genauere Informationen, was man bei dieser Brisanz doch eigentlich hätte erwarten können. Von 8 bis 11 Uhr saßen Dirk und ich im Auto vor der Tür des Mannes – und nichts passierte. Niemand kam. Um 11 Uhr hatten wir genug. Dirk hatte sein Handy in der Hand, die Nummer des Polizeinotrufes war bereits getippt, ich ging von einer handfesten Auseinandersetzung aus, wenn wir da jetzt klingeln würden. Was wir taten. Ein Mann öffnete, mindestens so groß wie ich, wenn nicht größer. Wir stellten uns vor. Und er sagte freundlich und nett lächelnd, dass er an keinem Abonnement interessiert sei. Wir erwiderten, nicht deshalb da zu sein, und verneinten auch seine folgende Frage, ob wir wegen seiner künstlerischen Tätigkeit gekommen seien. »Wir sind hier, weil Sie Mitglied eines international agierenden Kinderhändler- und Pornorings sein sollen.«

Er bat uns herein, und wir achteten darauf, dass er sich nicht in Richtung irgendwelcher Schränke bewegte, wo ein Messer hätte liegen können oder eine Pistole. Doch er blieb inmitten des Raumes stehen. Ja, gegen ihn sei einmal ermittelt worden, weil er in Holland ein Kleinkind ermordet haben solle. Und ja, er kenne diesen Engländer, der sei oft zum Kaffeetrinken bei ihm gewesen. Aber das sei alles. Kinderhandel? Kinderporno? Niemals.

Wir waren fassungslos. Und wir informierten die Polizei. Das war eine Spur. Eine Razzia müsste unverzüglich erfolgen. Wir warteten, zusammen mit einem Fotografen, doch es wurde dunkel, bis die Polizei kam. Kurz nachdem die Beamten die Wohnung betreten hatten, verließ einer der Polizisten sie wieder und verschwand um die Ecke, um wenig später mit Essen von McDonald's und eines benachbarten Pizzaservices wiederzukommen. Angeblich, weil einer der Beamten unter Diabetes litt und essen musste, wie man uns später auf unsere Nachfrage hin mitteilte. Das, was er an Essen heranschleppte, hätte aber für mindestens vier Diabetiker gereicht. Die Verabschiedung zwischen den Polizisten und dem Beschuldigten sowie seinem Lebensgefährten war dann sehr freundlich, wenn nicht fast schon herzlich. Die Ansage eines der führenden Ermittler durch die Scheibe unseres Autos dagegen weniger: »Jetzt werden wir gegen Sie ermitteln.« Ein Bluff? Angeblich wollte uns der Künstler wegen übler Nachrede verklagen. Die Ermittlungen gegen uns blieben dann aber aus. Es gab eine Presseerklärung der Polizei, dass Beweismaterial sichergestellt worden sei. Ein Gerichtsverfahren gab es nicht.

Der Chef der zuständigen Dienststelle zeigte sich uns gegenüber kurz darauf scheinbar verzweifelt, dass seine Beamten den von uns genannten Verdächtigen zunächst nicht selbst hatten finden können, obwohl Straße und Nachname bekannt waren. Er saß in seinem Büro, vor sich ein großes Glas Gummibärchen. »Ich weiß nicht, was hier los ist«, sagte er. Ob wir nicht in den Niederlanden für ihn ermitteln könnten – unter der Hand, wie wir ihn verstanden –, um ihn dann darüber zu informieren, was dort tatsächlich geschah. Er traue im Moment niemandem mehr.

Aus Belgien kamen viele Hinweise zu der Sache. Und wer ein bisschen nachdenkt, der sollte sich die Frage stellen, warum sich Belgier mit dem Verschwinden von Berliner Kindern in die Niederlande beschäftigten. Die Antwort ist ebenso logisch wie einfach: Belgien galt durch den Fall Dutroux europaweit als das Päderasten-Land schlechthin, als ein Land, wo in morbiden Örtlichkeiten Kinder missbraucht und getötet werden konnten. Alle zeigten mit dem Finger auf das kleine Land. Doch interessanterweise waren es keine offiziellen Stellen, die sich in Belgien mit dem Fall der verschwundenen Berliner Kinder beschäftigt haben, sondern Aktivisten einer Bürgerinitiative, einer Initiative, die sich bisher hauptsächlich für Rollstuhlrampen und Tanztees engagiert hatte – hier konnte etwas nicht stimmen. Fest steht: Die Unterlagen, die Klarnamen, die Verbindungen der in Deutschland beschriebenen Personen, die wir aus Belgien zugespielt bekamen, stimmten. Wir haben sie überprüft.

So bekamen wir beispielsweise den Namen eines Berliner Kochs, der in den Handel mit Kindern verwickelt gewesen sein sollte. Er war zu der Zeit vielleicht 35 Jahre alt. Es gab eine Adresse. Wir suchten ihn auf, und wie der Zufall es so wollte, gestand der Mann vor uns und versicherte an Eides statt, selbst zahlreiche Jungen auf dem Landweg in die Niederlande gefahren zu haben. Seine Wohnung wurde durchsucht, aber zu einem Ergebnis führte dies nicht – wer will ernsthaft glauben, dass so jemand die Namen und Routen auf seinem Laptop hat. Pikanter war ein Zwischenfall wenig später. Während eines Gesprächs mit dem Mann über die Berliner Päderastenszene kamen wir auf das Schicksal eines kleinen Jungen zu sprechen, der spurlos verschwunden war. Es gab in den Medien Spekulationen über sein soziales Umfeld. Und bei einer Zigarette sagte der Mann wie nebenbei, dass die Mutter des Jungen ja immer gesoffen und sich nicht um den Kleinen gekümmert habe. Das konnte er eigentlich nicht wissen. Wir fragten nach. »Na, der hat in meinem Haus gewohnt.« Wir konnten es nicht fassen. Ein Mann, der den eigenen Angaben nach Kinder in Bordelle in die Niederlande geschafft hatte, räumte ein, dass ein vermisster Junge gewissermaßen zu seinem sozialen Umfeld gehört hatte. Wir informierten die zuständige Mordkommission. Und Dirk, der zuerst in die Vernehmung ging, musste sich von den Polizisten anhören: »Wenn Sie ein nach einer Haftstrafe entlassener Mörder wären und in Ihrer Straße geschieht ein Mord, sind Sie dann automatisch der Täter?« Mehr passierte nicht. Ach doch, der Kinderhändler rief kurz darauf bei uns an und fragte, warum wir ihn bei der Mordkommission angeschwärzt hätten. Warum informiert eine Polizeidienststelle einen Verdächtigen darüber, dass er im Fadenkreuz einer

Ermittlung steht? Und darüber, wer den Hinweis gegeben hat? So etwas passiert sonst nur in schlechten Filmen. Oder in guten, wie man es sieht.

Die Serie der Merkwürdigkeiten riss nicht ab. Wir waren gerade im Zuge von Recherchen in Belgien, bei denen es um ein kleines Mädchen aus dem Bundesgebiet ging, das seit geraumer Zeit vermisst war, als wir ein Foto zugespielt bekamen, das ein nacktes Kind auf einem Stuhl zeigte, das zumindest unserer Einschätzung nach dem verschwundenen Mädchen mehr als ähnlich sah. Unabhängige Experten bestätigten damals eine Übereinstimmung, und die Mutter des Kindes sagte im Fernsehen, dass sie am Morgen der Veröffentlichung des Bildes beim Aufschlagen der Zeitung in die Augen ihres Kindes geschaut habe. Das in Belgien aufgetauchte Foto legte eine Verbindung zum Fall Dutroux nahe. Doch wie der Zufall es wollte, gab es einen BKA-Beamten, der ebenfalls durch Zufall gerade ein uraltes Päderasten-Magazin namens Lolita auf dem Schreibtisch hatte. Das Foto sei alt, sagte er. Obwohl in der Zeitung nur das Gesicht des Mädchens abgedruckt worden war, strengte man gegen uns Ermittlungen wegen der angeblichen Vervielfältigung von kinderpornografischem Material an. Ob es sich um ein aktuelles oder um ein altes Foto handelte, wurde nicht geklärt, sondern der Fall damit geschlossen.

Wir haben uns in der Zeit unserer Recherchen eigentlich immer gut beschützt gefühlt, aber es gab natürlich auch Drohungen. So bekamen Dirk und ich eines Tages einen Brief mit einer kryptischen Drohung und einer Patrone. Wir berichteten einem zuständigen ranghohen Ermittler davon und schickten ihm das Papier. Einen Tag später fiel mir siedend heiß ein, dass das Geschoss immer noch in meiner Schreibtischschublade lag. Ich kündigte es an und schickte es per Kurier. Kurz darauf wurde gegen Dirk und mich ein Verfahren wegen Verstoßes gegen das Waffengesetz eingeleitet. Was hätten wir mit der Patrone tun sollen? Sie schmeißen? Man wollte uns einschüchtern.

Ein weiterer Fall: Ein Junge sollte in die Niederlande verschleppt worden sein. Die Berliner Polizei dementierte lange Zeit solche Hinweise. Wir bekamen aber von einer Quelle, die wir bis heute nicht kennen, Infos zu den wahren Ermittlungsständen der Polizei – und zahlreiche Hinweise auf den Verbleib des Kindes in den Niederlanden. Und es gab sogar ein Fahndungsplakat samt Foto, das in den Niederlanden veröffentlicht worden war und auf dem die Nummer des Berliner Landeskriminalamtes erwähnt wurde – was wurde da verheimlicht? Angeblich sollte es ja keine Indizien geben. Wir bekamen ein bis dahin geheimes Protokoll einer niederländischen Observationseinheit zugespielt, wonach der gesuchte Junge von ebendieser Einheit in Begleitung eines einschlägig bekannten Kinderbordellbesitzers in einer niederländischen Metropole gesehen worden war. Allerdings war es den Polizisten im Zuge dieser Beobachtung nicht gelungen, ihren Teamführer zu erreichen, um das weitere Vorgehen abzufragen. Also wurde der Fall unter den Tisch gekehrt. Wie man uns später in den Niederlanden berichtete, wollten die Observationsexperten nicht erklären müssen, warum sie zum einen nicht imstande waren, ihren Chef zu erreichen, und zum anderen vor allem nicht, warum sie in einem solchen Fall nicht selbst eine Entscheidung getroffen hatten, das Kind zu retten.

Wir berichteten. Wer jetzt denkt, dass die Berliner Sicherheitsbehörden nun aktiv wurden, der irrt. Obwohl dies eigentlich logisch gewesen wäre, da ja nun nicht mehr nur

Journalisten und angebliche Verschwörungstheoretiker neue Erkenntnisse hatten, sondern den niederländischen Kollegen ebenfalls handfeste Indizien vorlagen. Trotzdem wurde vom damals zuständigen Berliner Generalstaatsanwalt in einer Pressekonferenz verkündet, dass die Ermittlungen eingestellt würden – und zwar genau an dem Tag, an dem wir den behördlichen Beweis aus den Niederlanden vorliegen hatten, dass das Berliner Kind mit einem Bordellbesitzer gesehen worden war.

Während der Pressekonferenz, bei der sich die Journalisten gegenseitig auf die Füße traten, wurde der Generalstaatsanwalt deswegen heftig angegriffen. Doch es blieb dabei. Laut Behörde gab es keine Erkenntnisse, also auch keinen Fall und keine neuen Ermittlungen. Mit ebendiesem Generalstaatsanwalt hatten Dirk und ich kurz darauf ein Treffen im Beisein eines anderen Staatsanwalts – und eines Anwalts unserer Rechtsabteilung. Letzterer war am Ende des Gesprächs so wütend, weil alles, was wir vortrugen, ins Reich der Phantasie gewiesen wurde, dass er die Männer fragte, ob sie denn nun eigentlich die Ankläger der Päderasten oder deren Anwälte seien. Am gleichen Tag stand ich mit dem Generalstaatsanwalt am Kopierer seines Büros und vervielfältigte für ihn die Unterlagen, die wir in Belgien erhalten hatten. Darin befanden sich auch Namen, Adressen und Telefonnummern. Nachdem wir einige Zeit später erneut in der Zeitung über die verschwundenen Kinder berichtet hatten, sagte die Berliner Staatsanwaltschaft jedoch auf Anfrage, dass wir nur Zeitungsartikel übergeben hätten. Eine glatte Lüge.

Kinderpornomaterial ist teuer. Sehr teuer. Dirk und ich waren im Lauf unserer Recherchen auf einen der größten Kinderporno-Skandale der Niederlande gestoßen. An der

Küste des Landes wurden Wohnungen von Verdächtigen durchsucht, und wir bekamen irgendwann das gesamte Material auf CD zugespielt. Wir mussten es ansehen, und es war mit das Schrecklichste, was ich je habe sehen müssen. Auf der CD waren Fotos zu sehen, auf denen eine Männerhand sich den Weg in eine Windel bahnt oder ein kleines asiatisches Mädchen mit Ketten gefesselt auf einem Bett liegt und mit glühenden Bügeleisen malträtiert wird. Es sind nicht an erster Stelle die Brandwunden auf dem Fleisch des Kindes, die so erschüttern, es sind die Augen des Kindes: verstört, ungläubig, fassungslos, angstvoll. Was passiert noch? Wenn sie mir das schon antun, was kommt noch? Man sieht die Hände der Täter. Und man möchte sie brechen. Abhacken. Verätzen. Zertrümmern. Und alles, was zu diesen Händen dazugehört.

Auf der besagten CD, die den Angaben unserer Informanten nach geschätzt 150 000 Mark wert war, befanden sich auch Video-Sequenzen. Eine werde ich nie vergessen und nie meinen Hass auf diesen Mann und – so ehrlich bin ich – meinen Wunsch, ihm das Rückgrat zu brechen. Man sieht einen kleinen Jungen, der auf einem Sofa liegt. Ein Mann, dessen Gesicht erkennbar ist, vergewaltigt den Jungen anal. Und der Kleine bewegt sich nicht mehr. Wir haben es einem Mediziner gezeigt. Bei der Länge des Genitals sei es unwahrscheinlich, dass das Kind diesen »Eingriff« überlebt haben könnte. Verhaftet wurden in den Niederlanden daraufhin nur Einzeltäter, auch in diesem Fall war von offizieller Seite wieder einmal nicht von einem größeren Netzwerk die Rede, sosehr sich die Vermutung auch aufdrängt.

Wir schmuggelten das Material von Belgien aus nach Deutschland. Wir hatten einen Flug gebucht, und als wir schon samt der heißen Ware im Flieger saßen, wurde dieser zurückgerufen, und Sicherheitspersonal kam in die Kabine mit einer Liste in der Hand. Uns blieb das Herz stehen. Man wollte uns ohnehin aus dem Spiel nehmen. Würde man uns beide mit solch brisantem Material festnehmen, würden wir in Belgien im Knast landen und, was weit schlimmer wäre, als unglaubwürdig gelten. Die Sicherheitsleute gingen an uns vorbei, und später stellte sich heraus, dass sie nur einen zu spät kommenden Passagier gesucht hatten.

Einen Tag später übergab ich das Material der Polizei in Berlin. Die zuständige Ermittlerin fragte mich, was sie denn damit tun solle. Ich wurde laut. Sie solle die Bilder sichten. Sie solle schauen, ob unter den zahlreichen zu erkennenden Kindern vielleicht einige aus Berlin seien. Sie solle das Material dem Bundeskriminalamt geben, denn viele der Täter waren auf der CD zu erkennen. Es wurden jedoch keine neuen Ermittlungen eingeleitet, wie man uns auf Anfrage hin mitgeteilt hat.

Nach Krawallen am 1. Mai oder nach anderen Ausschreitungen werden die Aufnahmen der Polizei ausgewertet. Da werden Fotos aus den Filmen extrahiert und der Öffentlichkeit präsentiert, um die Steinewerfer zu identifizieren. Warum aber werden nicht die Gesichter von Männern verbreitet, die sich an Kleinkindern vergehen? Zurück bleibt eine unerträgliche Wut. Man lebt in einer führenden Industrienation und fühlt sich manchmal wie in einer Bananenrepublik. Fest steht für die Reporter, die hinter die Kulissen geschaut haben: Solche Machenschaften lassen sich nicht ewig vertuschen. Dazu gibt es zu viele Mitwisser. Mitwisser, die vielleicht doch einmal betrunken einen Hilferuf an die Polizei schicken oder die sich auf dem Sterbebett das Gewissen erleichtern wollen und die Zeitung anrufen. Auf diese Momente warten wir.

Danksagung

Besonderen Dank haben verdient:

Frau Wildgruber und Frau Beckmann von der Agence Hoffman.

Meine geduldige Lektorin Ulrike Gallwitz vom Piper Verlag.

Meine Trainer Pascal, Dirk und Bujar, deren Lehren im Job oft hilfreich sind.

Meik Gauer von der Bundespolizei, der bei der Umsetzung des Cover-Fotos geholfen hat.

Und die drei Fremdenlegionäre in Afrika. Sie wissen, warum.